CHICO BUARQUE
OU A POESIA RESISTENTE

CONSELHO EDITORIAL

Aurora Fornoni Bernardini
Beatriz Muyagar Kühl
Gustavo Piqueira
João Angelo Oliva Neto
José de Paula Ramos Jr.
Lincoln Secco
Luís Bueno
Luiz Tatit
Marcelino Freire
Marco Lucchesi
Marcus Vinicius Mazzari
Marisa Midori Deaecto
Paulo Franchetti
Solange Fiúza
Vagner Camilo
Walnice Nogueira Galvão
Wander Melo Miranda

Chico Buarque
ou a Poesia Resistente

Ensaios sobre as Letras de Canções Recentes

Adelia Bezerra de Meneses

Copyright © 2024 by Adelia Bezerra de Meneses

Todos os direitos reservados e protegidos pela Lei 9.610 de 19 de fevereiro de 1998.
É proibida a reprodução total ou parcial sem autorização, por escrito, da editora.

Dados Internacionais de Catalogação na Publicação (CIP)
(Câmara Brasileira do Livro, SP, Brasil)

Meneses, Adelia Bezerra de
     Chico Buarque ou a poesia resistente: ensaios sobre as letras de canções
recentes / Adelia Bezerra de Meneses. – Cotia, SP: Ateliê Editorial, 2024.

     ISBN 978-65-5580-137-8

     1. Buarque, Chico, 1944- – Canções – Crítica e interpretação   2. Música
popular brasileira – Brasil I. Título. II. Título: Chico Buarque ou a poesia
resistente: ensaios sobre as letras de canções recentes.

24-207863   CDD-781.630981

Índices para catálogo sistemático:
1. Música popular brasileira : História e crítica   781.630981

Cibele Maria Dias – Bibliotecária – CRB-8/9427

Direitos reservados à ATELIÊ EDITORIAL
Estrada da Aldeia de Carapicuíba, 897
06709-300 – Granja Viana – Cotia – SP
Telefone: (11) 4702-5915
www.atelie.com.br | contato@atelie.com.br
facebook.com/atelieeditorial | blog.atelie.com.br

Printed in Brazil 2024
Foi feito o depósito legal.

Para
ULPIANO TOLEDO BEZERRA DE MENESES,
meu irmão Nano

Agora eu era o rei
Era o bedel e era também juiz
E pela minha lei
A gente era obrigado a ser feliz
[...]
A gente agora já não tinha medo
No tempo da maldade
Acho que a gente nem tinha nascido

CHICO BUARQUE

Sumário

Agradecimentos 9

Nota Prévia 11

À Guisa de Introdução: Entrevista à revista *Cult* 21

CANÇÕES ANALISADAS

1. *Massarandupió*. Entre Avô e Neto: Uma Infância Resgatada 35

2. *Tua Cantiga* 51

3. *Renata Maria* ou a Vênus Renascida em Plagas Brasileiras 67

4. *Sinhá* 83

5. *As Caravanas*. Racismo e "Novo Racismo" 101

6. *Que Tal um Samba?* e suas Camadas 121

7. Canções para o MST 151

    Levantados do Chão 153

    Assentamento 160

    Fantasia 166

9. *Tempo e Artista* 177

Referências 197

Agradecimentos

A Pedro Bezerra de Meneses Bolle (ouvinte compulsório, desde pequenininho, das canções de Chico Buarque no toca-fitas do carro), não apenas pelas ajudas funcionais ao longo da feitura deste livro, viabilizando, entre outras coisas, a existência da iconografia, mas pela visão crítica do conteúdo, em longas conversas que mostram o olhar de outra geração.

A Ulpiano Bezerra de Meneses, que na infância me alfabetizou antes da entrada no Primário; que na adolescência me ensinou francês e depois me influenciou a fazer Letras Clássicas na Maria Antonia; e que, no presente, às voltas com a sua *Koré Phrasikleia*, conversa sobre a *Aphrodite Anadyomene*, que sai das águas de um dos capítulos (*Renata Maria*) deste livro.

A Thomaz Ferreira Jensen, "amigo de fé, irmão, camarada", parceiro de tantas jornadas literário-militantes, pela leitura generosa e comprometida das análises de *Levantados do Chão, Assentamento* e *Fantasia*, no recorte do MST, com sugestões bem-vindas e ampliadoras.

Nota Prévia

Seria o caso de contextualizar um pouco este livro, que reúne textos sobre as letras das canções mais recentes de Chico Buarque, aqui abordadas como poemas[1]. A maior parte dos capítulos foi escrita propositadamente para esta obra; outros, já tinham saído em publicações acadêmicas e foram ampliados e retrabalhados. Em todo o caso, trata-se de um material posterior à publicação dos dois livros que já escrevi sobre Chico, a saber, *Desenho Mágico – Poesia e Política em Chico Buarque*, cuja primeira edição data de 1982, e *Figuras do Feminino na Canção de Chico Buarque*, publicado em 2000[2]. Isso explica por que aqui não estejam presentes estudos sobre produções absolutamente

---

1. *Poesia Resistente*: o título deste livro foi inspirado nas reflexões de Alfredo Bosi no capítulo "Poesia Resistência" de *O Ser e o Tempo na Poesia* (São Paulo, Cultrix, 1977), em que se defende a ideia de a característica básica de toda grande poesia moderna ser "uma forma de resistência simbólica aos discursos dominantes". Efetivamente, engendrada de um solo histórico-cultural, a grande poesia nunca duplica a ideologia dominante, mas necessariamente a confronta. O grande poeta vai sempre revelar um radical não colaboracionismo: "lírica é ruptura", já dizia Adorno. Não é só a poesia de temática social que se enquadra nessa categoria: mesmo uma produção inapelavelmente lírica, um poema de amor é "resistência". *Dizer* o afeto numa realidade mercantilizada e massificada é resistir. Mas, em se tratando de Chico Buarque, há algo mais que pulsa nesse título: sua poesia perdura, resiste à passagem do tempo, passou a integrar o patrimônio de sensibilidade de todos/as nós.
2. As referências atualizadas de ambos os livros são: Adelia Bezerra de Meneses: *Desenho Mágico – Poesia e Política em Chico Buarque*, 3. ed., Cotia-SP, Ateliê Editorial, 2002; *Figuras do Feminino na Canção de Chico Buarque*, 2. ed., Cotia-SP, Ateliê Editorial, 2002.

Chico Buarque e Adelia Bezerra de Meneses, no lançamento do livro *Desenho Mágico – Poesia e Política em Chico Buarque*, São Paulo, 1982.

fundamentais do seu repertório: é que já foram tratadas nesses dois livros anteriores.

Creio que antes de prosseguir, um dado curioso seria falar da entrada de Chico Buarque na Academia como objeto de estudo – o que implicará acionar, inevitavelmente, alguns dados pessoais. Mas quando se chega numa determinada idade, a história pessoal de cada um transcende o individual e vira testemunho de uma geração. E é dessa perspectiva que vou contar muito rapidamente a história de Chico como assunto de tese de doutorado na USP.

Como orientanda do professor Antonio Candido, no Programa de Pós-Graduação do Departamento de Teoria Literária e Literatura Comparada, da Faculdade de Filosofia, Letras e Ciências Humanas da USP, eu já tinha feito o mestrado e estava trabalhando num projeto de pesquisa de doutorado. Apresentei um rascunho ao orientador, com a pergunta: "Professor, o senhor acha que Chico Buarque dá tese?" A resposta, divertida, veio imediata: "Adelia, Chico Buarque dá samba". Mas pelo que se viu, deu "tese" também: o professor aceitou orientar, nos idos de 1978, na área de Literatura Comparada, dentro do recorte de Literatura e Sociedade, uma tese de doutorado que, propondo-se a estudar "poesia e política em Chico Buarque", foi defendida em 1981, virou livro em 1982 e ganhou o Prêmio Jabuti de Ensaio Literário desse ano, na época em que a premiação era dada a um único livro por categoria.

Duas observações precisam ser feitas: primeiro, um doutorado sobre um autor contemporâneo era uma quebra de paradigma. Até então, os pós-graduandos escolhiam necessariamente como objeto de tese autores do cânone, de gerações passadas. Havia uma ideia difusa, vinda de plagas europeias, segundo a qual haveria necessidade de "afastamento crítico", de "distância histórica" para se estudar algo para um doutoramento. Isso significava evitar os modismos e esperar um pouco para a solidificação de um panteão, consagrado pelo tempo. Mas, no caso específico, endossar tal projeto de pesquisa significou também reconhecer o *status* literário de um gênero, canção popular, que não gozava de prestígio unânime na Academia.

Não dá para imaginar agora o significado desse passo[3].

Escolher autores do Modernismo para seus orientandos era algo que estava sendo feito, vanguardeiramente, pelo próprio Antonio Candido, mas mesmo assim, eram autores de uma geração acima da do orientador. No entanto, com Chico Buarque, tratava-se de um autor exatamente da mesma idade da orientanda, nascido no mesmo ano. Precisava ser um Antonio Candido para ter cacife para tanto – e para tornar essa decisão acolhida e respeitada pelos seus pares e pela Comissão de Pós-Graduação da USP, criando jurisprudência dentro da Universidade. A situação era singular: na defesa do doutorado, os pais do

---

3. O curioso é que Antonio Candido, por ocasião de seu próprio doutorado na USP, em Ciências Sociais, escolheu como objeto de pesquisa o *cururu*, dança cantada do interior paulista, que gerou um livro que se tornou um clássico da sociologia, *Os Parceiros do Rio Bonito – Estudo Sobre o Caipira Paulista e a Transformação dos seus Meios de Vida*, efetivando uma pesquisa sobre poesia popular de capiau paulista.

Chico e Antonio Candido na Maria Antonia, 2002 (por ocasião da comemoração do Centenário de Sérgio Buarque de Holanda). Foto: Marcio Fernandes/Folha Press.

objeto de tese estavam presentes na plateia do Salão Nobre do prédio da administração da FFLCH: o Professor Sérgio Buarque de Holanda, junto com Dona Maria Amélia, sentados ao lado da mãe da doutoranda. Corria o ano de 1981.

Chico, nascido em 1944, já era um compositor consagrado (além de dramaturgo) e tinha criado coisas de altíssima qualidade. Esse foi o critério levado em conta pelo orientador.

Aliás, décadas mais tarde, Antonio Candido confirmaria isso numa frase lapidar. Perguntado como condensaria "numa frase" o que é Chico Buarque, assim se pronunciou: "Uma grande consciência, inserida num enorme talento". Isso diz tudo sobre esse artista que agora chega aos oitenta anos.

Numa canção de 1966, *Noite dos Mascarados*, Chico Buarque se autoidentificou, ou melhor, classificou o eu lírico como "seresteiro, poeta e cantor". Pois bem, os anos vieram a provar que, além de compositor, ele também é dramaturgo, ficcionista de alto nível e um intelectual que se tornou um dos pilares da cultura brasileira.

Chico Buarque recebe o Prêmio Camões, Palácio de Queluz, Portugal, 2023. Foto: Rodrigo Antunes/Reuters.

Mas o que é interessante é que no seu discurso por ocasião do recebimento do Prêmio Camões, a mais alta honraria literária em língua portuguesa, e que lhe foi entregue em 24 de abril de 2023, no Palácio de Queluz, em Portugal, ele diz[4]:

Ao receber este prêmio, penso no meu pai, o historiador e sociólogo Sergio Buarque de Holanda, de quem herdei alguns livros e o amor pela língua portuguesa. Relembro quantas vezes interrompi seus estudos para lhe submeter meus escritos juvenis, que ele julgava sem complacência nem excessiva severidade para, em seguida, me indicar leituras que poderiam me valer numa eventual carreira literária. Mais tarde, quando me bandeei para a música popular, não se aborreceu, longe disso, pois gostava de samba, tocava um pouco de piano e era amigo próximo de Vinicius de Moraes, para quem a palavra cantada talvez fosse simplesmente um jeito mais sensual de falar a nossa língua.

4. O prêmio é de 2019, e deveria ser assinado pelos presidentes, respectivamente, de Portugal e do Brasil, mas o então mandatário brasileiro, Jair Bolsonaro, recusou-se a assiná-lo, o que só foi feito com atraso mas para grande alegria do premiado, pelo novo presidente eleito no pleito de 2022, Luís Inácio Lula da Silva.

Manoel Bandeira, Chico Buarque, Tom Jobim e Vinicius de Moraes, 1967.
Foto: Pedro de Moraes.

Pontuo: a palavra cantada talvez seja "simplesmente um jeito mais sensual de falar a nossa língua".
Prossegue o discurso:

Mas por mais que eu leia e fale de literatura, por mais que eu publique romances e contos, por mais que eu receba prêmios literários, faço gosto em ser reconhecido no Brasil como compositor popular [...].

Respaldada, portanto, pelo autor e pelo pai do autor, via Vinicius de Moraes, é enquanto *compositor* que eu o abordo. O que, no meu caso, significa, especificamente, estudar as *letras* de suas canções – colocando Chico Buarque coberto pela denominação de "poeta" na sua propalada autodefinição da década de 1960. Sei que numa canção letra e melodia formam um todo, e que a melodia é também produtora de significado; por isso, sempre faço apelo à memória musical de quem me lê.

Efetivamente, pode-se dizer que a obra de compositor de Chico Buarque, e especificamente suas letras, passaram a integrar o repertório da *poesia* brasileira. E isso, para além da chancela da Academia, pode até ser provado com um "argumento de autoridade". De fato, tenho guardado comigo, como uma relíquia, um cartãozinho do nosso maior poeta, Drummond, que na sua bela letra, agradecendo o envio do meu livro *Desenho Mágico – Poesia e Política em Chico Buarque*, diz textualmente o seguinte:

[...] um viva! cordial pelo excelente estudo sobre a poesia de Chico Buarque de Hollanda, que gentilmente me ofereceu.

O agradecimento e o abraço (e também a admiração) de Carlos Drummond de Andrade.

Ressalto: "sobre a POESIA de Chico Buarque de Hollanda". O maior poeta brasileiro contemporâneo de Chico, Drummond, irmanado ao maior crítico literário contemporâneo, Antonio Candido[5], reconheciam no jovem compositor, autor de canções com letras geniais, que ele é... poeta.

Não era de se estranhar o entusiasmo de Drummond que, em 1966, logo depois do sucesso estrondoso de *A Banda*[6], tinha publicado no *Correio da Manhã* do Rio de Janeiro a famosa crônica que intitulou "Notas sobre *A Banda*".

Para melhor entender esse texto de Drummond, é o caso de citar ao menos algumas das estrofes dessa canção com a qual Chico se tornou reverenciado até no Palácio de Buckingham, de Londres, em que, aos acordes de *A Banda* (ao menos nos inícios dos anos 1970), havia a troca de guardas do palácio da Rainha Elisabeth...

Estava à toa na vida
O meu amor me chamou
Pra ver a banda passar
Cantando coisas de amor

---

5. Drummond viveu de 1902 a 1987 e Antonio Candido, de 1918 a 2017.
6. Chico Buarque, *A Banda*, 1966.

Cartão de Carlos
Drummond de
Andrade. Fonte:
Acervo pessoal
da autora.

A minha gente sofrida
Despediu-se da dor
Pra ver a banda passar
Cantando coisas de amor

O homem sério, que contava dinheiro, parou
O faroleiro, que contava vantagem, parou
A namorada, que contava as estrelas, parou
Para ver, ouvir e dar passagem

A moça triste, que vivia calada, sorriu
A rosa triste, que vivia fechada, se abriu
E a meninada toda se assanhou
Pra ver a banda passar
Cantando coisas de amor
[...]
O velho fraco se esqueceu do cansaço e pensou
Que ainda era moço pra sair no terraço e dançou
A moça feia debruçou na janela
Pensando que a banda tocava pra ela

A marcha alegre se espalhou na avenida e insistiu
A lua cheia, que vivia escondida, surgiu
Minha cidade toda se enfeitou
Pra ver a banda passar [...]

Diz Drummond, lá pelo meio do seu texto[7]:

A felicidade geral com que foi recebida essa banda tão simples, tão brasi-leira e tão antiga na sua tradição lírica, que um rapaz de pouco mais de vinte

---

7. Carlos Drummond de Andrade, "Notas sobre *A Banda*", *Correio da Manhã*, 14 out. 1966, Primeiro Caderno, p. 6.

anos botou na rua, alvoroçando novos e velhos, dá bem a ideia de como andávamos precisando de amor. Pois a banda não vem entoando marchas militares, dobrados de guerra. Não convida a matar o inimigo, ela não tem inimigos, nem a festejar com uma pirâmide de camélias e discursos as conquistas da violência.

E assim termina:

Coisas de amor são finezas que se oferecem a qualquer um que saiba cultivá-las, distribuí-las, começando por querer que elas floresçam. E não se limitam ao jardinzinho particular de afetos que cobre a área de nossa vida particular: abrange terreno infinito, nas relações humanas, no país como entidade social carente de amor, no universo-mundo onde a voz do Papa soa como uma trompa longínqua, chamando o velho fraco, a mocinha feia, o homem sério, o faroleiro... todos que viram a banda passar e por uns minutos se sentiram melhores. E se o que era doce acabou, depois que a banda passou, que venha outra banda, Chico, e que nunca uma banda como essa deixe de musicalizar a alma da gente.

Sim, e ao longo desses (até agora) 58 anos após a crônica de Drummond, vieram outras "bandas" da parte de Chico Buarque, veio muita poesia. Falando de amor no nível pessoal e no nível coletivo, no nível da natureza vegetal e também no nível cósmico.

Todos, exemplos dessa capacidade de concretar emoções, figurar sentimentos, de fornecer uma imagem plástica, visual, sensorial da realidade. Sim, já dizia Hegel, a poesia é o luzir sensível da ideia. Pois bem, é esse "luzir sensível da ideia" que eu busco, analisando as canções de Chico enquanto poemas.

* * *

À guisa de introdução, segue uma entrevista minha realizada por Manoel da Costa Pinto à revista *Cult*, que, pela sua abrangência, dá conta de uma apresentação geral do cancioneiro de Chico.

À Guisa de Introdução
Entrevista à revista *Cult*[1]

CULT • *Como se define a fronteira entre poesia e letra musical na obra de Chico? Em que momentos a obra de Chico ultrapassa os limites da MPB e passa a integrar o repertório da poesia brasileira?*

ADELIA BEZERRA DE MENESES • Essa é uma pergunta muito pertinente, porque, na canção popular, letra e música formam um corpo único, entranhadamente articulado. E a música sendo por si produtora de significado, "reforça", por assim dizer, a letra. O próprio Chico, quando perguntado em múltiplas entrevistas sobre seu processo de criação, fala que palavras e música vêm junto, uma puxa a outra, apesar de reconhecer uma certa precedência da música. Mas confessa-se um "impuro" no mundo dos compositores musicais, uma vez que penderia mais para a letra do que para a música. Mas, se formos pensar bem, em toda a poesia (refiro-me à poesia escrita) há essa dialética de música e palavra, ou, em termos valéryanos, de som e sentido. É importantíssima a sonoridade na poesia, só que na canção o processo é radicalizado. A canção como que desentranha e deflagra a musicalidade que a palavra – toda palavra humana – embute.

Por outro lado, a palavra cantada apresenta uma dimensão mais sensorial: ela nos atinge, ainda mais do que a poesia, no nível dos sen-

---

1. Entrevista com Adelia Bezerra de Meneses, "Chico Buarque em Prosa e Verso", *Cult*, ano VI, n. 69, 2003. Revista então dirigida por Manuel da Costa Pinto.

tidos. Mais do que num poema – sobretudo numa leitura silenciosa, de lábios fechados –, na canção a palavra é corpo: modulada pela voz humana, portanto carregada de marcas corporais; a palavra cantada é um sopro que se deixa moldar pelos órgãos da fala, trazendo as marcas cálidas de um corpo humano ("Palavra viva / palavra com temperatura, / palavra", diz Chico em *Uma Palavra*). A palavra cantada é isso: ligação de sema e soma, de signo e corpo.

E se é verdade que o ritmo é fundamental e necessariamente presente em toda a poesia escrita, é verdade também que ele se alardeia com mais intensidade na música. E o ritmo participa da ordem biológica. Pois o ser humano é submetido a ritmos na vida de seu corpo: a respiração, com o movimento de expansão/retração dos processos de inspirar e expirar; o pulsar do coração, o latejar do sangue nas veias. É por isso que a música nos pega tão visceralmente: o ritmo tem seu paradigma na esfera orgânica, remete a algo de visceral. Aliás, Chico Buarque alude a isso numa de suas canções, *Choro Bandido*[2]:

As notas eram surdas
Quando um deus sonso e ladrão
Fez das tripas a primeira lira
Que animou todos os sons

– evidentemente numa referência ao mito grego da invenção do primeiro instrumento musical, que teria sido criado pelo deus Hermes esticando tripas de um carneiro na cavidade de um casco de tartaruga.

Por sinal, a articulação poesia-música se faz na tradição poética desde os gregos, cuja poesia era cantada. A *Ilíada* e a *Odisseia*, por exemplo, eram apresentadas ao público acompanhadas de melodia. E "lírica" era a poesia acompanhada ao som da lira. Aliás, o termo grego *aedo* significa, ao mesmo tempo, *poeta* e *cantor*, indissociavelmente ligados. E, a gente sabe que nos dias de hoje se lê pouca poesia, mas ela chega até as

---

2. Chico Buarque, *Choro Bandido*, 1985.

pessoas através da canção popular. Dessa maneira, a canção é veículo de poesia, sobretudo entre o jovens, que ouvem tanto "som".

[...]

CULT • *O que são a "variante utópica" e a "vertente crítica" de que fala seu livro* Desenho Mágico? *Como elas se distinguem das canções engajadas, participativas, de protesto?*

ADELIA BEZERRA DE MENESES • A "variante utópica", a "vertente crítica", como também o "lirismo nostálgico" são as três modalidades daquilo que se poderia chamar (com Alfredo Bosi) de "poesia resistência" – modalidades de uma radical recusa à realidade opressora, de mercantilização das relações, de surda exploração que vivemos. Toda literatura, toda poesia, quer queiramos, quer não, é engendrada de um solo cultural: histórico, social, político. No entanto, em tempos adversos como o nosso, nunca a grande poesia duplica valores e ideologia dominantes, mas necessariamente rompe com eles. Num mundo massificado, homogeneizado, de exploração generalizada – com a globalização concentracionária campeando –, de consumo e obsolescência programada, sociedade da mídia e da cultura do espetáculo, como poderia a grande poesia ser de adesão? É assim que a obra de Chico Buarque pode ser nucleada em torno dessas três grandes linhas:

1. Lirismo nostálgico: recusa do presente opressor, voltando-se para um passado em que as relações humanas não eram degradadas pela massificação e pela estandardização (*A Banda, Maninha, Realejo* etc.).

2. Variante utópica: recusa da realidade opressora, projetando-se para um tempo-espaço outro em que não se daria mais o reino da exploração e do simulacro. São canções que cantam o "dia que virá", ou propõem um futuro em que se dará a reconciliação do homem consigo próprio e com o mundo. Delas, a paradigmática é *O que Será*, visionária e épica, um canto libertário, erótico e político. No entanto, difícil utopia essa dos anos que agora atravessamos, nesse fim de um milênio e início do outro, contra o pano de fundo do capitalismo multinacional e da pasteurização dos projetos revolucionários. Que "princípio esperança" resta para ser afirmado num mundo que verga ao "fim da História", e em que o "novo" perdeu sua força mobilizadora? Há uma canção do CD CIDADES, de 1998, intitulado *Sonhos Sonhos São* (antes um pesadelo), que se inicia por "negras nuvens", em que todas as cidades que aparecem são do terceiro mundo, e em que "pálidos economistas pedem calma" e "uma legião de famintos se engalfinha". Mas nesse sonho-pesadelo angustiante, ainda subsiste uma força geradora de energia, radicada no mundo dos afetos:

> Notando meu olhar ardente
> Em longínqua direção
> Julgam todos que avisto alguma salvação
> Mas não, é a ti que vejo na colina.

Mais uma vez, aqui, a confusão entre o pessoal e o social, entre o erótico e o político. Mas se é verdade que nas canções da última década para cá o sopro épico não tem mais condições históricas para brotar, e Chico Buarque se ressente duramente da crise das utopias, ele, no entanto canta, sim, a "amplidão, nação, sertão sem fim"; canta a possibilidade de "cana, caqui, / inhame, abóbora / onde só vento se semeava outrora" (*Assentamento*).

3. Vertente crítica: recusa da realidade, ferindo-a pela crítica social, seja direta (*Construção, Angélica, Meu Guri, Brejo da Cruz, Uma Menina* etc.), seja através das ricas modulações de que se reveste a ironia (*Mulheres de Atenas, Bye Bye Brasil, Bancarrota Blues* etc.). Quanto às canções de protesto, originadas da época mais aguda de repressão, portanto historicamente datadas, originam-se no vértice da crítica e da utopia. Assim, *Apesar de Você*, que se tornou uma espécie de "hino oficial" contra a ditadura: recusa de um presente de opressão e espera de um "amanhã" que há de ser um outro dia.

[...]

CULT • *Inicialmente, o caráter inovador de Chico parece residir na superação do "lirismo ingênuo, nostálgico e saudosista" (segundo suas palavras) por uma poética de intervenção política. Até quando essa dicotomia lirismo x engajamento se mantém? Quais são, na sua opinião, as canções-chave dessas duas vertentes na obra do compositor?*

ADELIA BEZERRA DE MENESES • Acho que seria necessário precisar um pouco os termos da sua pergunta, até porque eu não acho absolutamente que "lirismo" e "engajamento" sejam excludentes. E o ingrediente "engajamento" por si só não é prato de resistência de nenhuma boa poesia – haja vista o horror que é o "realismo socialista". Você conhece *Cala a Boca Bárbara*, que canta o amor passional e telúrico de Bárbara por Calabar, uma belíssima canção de amor que, no entanto, pode ser lida também no registro político. O "cala a boca" que marca a canção estigmatiza a peça e os tempos que a geraram: remete ao mesmo silêncio imposto de *Cálice* (= Cale-se) da época em que a canção foi produzida, a década de chumbo do início dos anos de 1970, auge da ditadura militar; mas também remete a uma imposição de silêncio, à proibição de pronunciar o nome de Calabar, personagem da história colonial do Brasil, na época do domínio holandês, e que tinha sido julgado pelos portugueses como traidor, executado e esquartejado, e condenado à extinção de sua memória, o que implicaria a proibição de mesmo pronunciar o seu nome (o que é infringido na canção, à força de repetição do refrão: CALA a boca BARbara: CALABAR). E esse é um dos mais belos poemas eróticos da língua portuguesa.

Peguemos, por outro lado, uma canção inapelavelmente "ingênua, nostálgica e saudosista", que é *A Banda*. Ela também transmite algo "político": a recusa do presente opressor através de uma volta ao passado, seja o individual de cada um, que é a própria infância, seja o passado coletivo, da sociedade pré-industrial, em que as relações humanas não eram degradadas pela estandardização e pela massificação:

Estava à toa na vida
O meu amor me chamou
Pra ver a banda passar
Cantando coisas de amor.

Ao desencanto do mundo – de que fala Max Weber –, o poeta contrapõe a força de uma lembrança pessoal. E essa poesia pode resistir na saudade de um mundo de afetos preservados, em que se resgata, por exemplo, o tempo da infância, tempo de comunhão e magia:

Agora eu era herói
E o meu cavalo só falava inglês
A noiva do caubói
Era você além das outras três.
(*João e Maria*).

A essa linhagem, se somará o riquíssimo filão da lírica amorosa de Chico Buarque:

Pelo amor de Deus
Não vê que isso é pecado, desprezar quem lhe quer bem
[...]
Ou será que o Deus
Que criou nosso desejo é tão cruel
Mostra os vales onde jorra o leite e o mel
E esses vales são de Deus.
(*Sobre Todas as Coisas*).

Mas há também o amor cantado em tom camerístico: Cecília é a amada cujo nome é murmurado, ciciado, induzindo a um gesto corporal:

Pode ser que, entreabertos
Meus lábios de leve
Tremessem por ti.
(*Cecília*).

Dizer o amor, dizer o afeto nessa realidade alheia e hostil, em que até as emoções são terceirizadas (haja vista as novelas da TV, e os Big

Brother reincidentes), é resistir. E não podemos nos esquecer em que medida Chico Buarque é o poeta do amor e o cantor do feminino.

CULT • *Que mutações sofrem as "figuras do feminino" (tema do seu segundo livro sobre a canção de Chico Buarque) ao longo da obra de Chico?*

ADELIA BEZERRA DE MENESES • Creio que não se trata tanto de "mutações" quanto de modulações. A obra de Chico progride como que em espiral: vai num crescendo, mas retomando, sempre, aquilo que é fulcral e que, ao longo dos anos, vai sendo expandido. Em relação às canções que tematizam a mulher, eu escrevi em *Figuras do Feminino* que a gente poderia pensar, enfocando a canção *Ela e sua Janela* – em que a amada, inicialmente à janela esperando o seu homem, vai, alguns versos depois, para a varanda, na segunda estrofe para a rua e, na terceira estrofe, para a vida –, que aí se desenharia uma espécie de percurso do feminino na obra do Chico. Com efeito, se se comparar, por exemplo, *Carolina*, ou a protagonista de *Com Açúcar, com Afeto*, ou a *Morena dos Olhos d'Água*, de seus primeiros discos, com as mulheres amadurecidas na luta e na paixão, como Bárbara, a mulher guerrilheira de Calabar, ou a Joana, de *Gota d'Água*, pode se falar numa grande mudança. Mas essa mulher forte que é a Joana já estava prefigurada na protagonista de *Sem Fantasia*, que é a mulher forte, que forja o seu macho, e diante da qual o homem é uma criança, "que da noite pro dia não vai crescer". É dessa estirpe, mas funcionando num outro registro, a protagonista de *Dura na Queda*.

Na temática feminina das canções do Chico, apontam-se a "mulher órfica" – que não respeitaria, por exemplo, o princípio da realidade, e continuaria sambando após a quarta-feira de cinzas, num carnaval continuado, como em *Ela Desatinou* ou *Madalena* – e a "mulher prometeica" – como as protagonistas competentes de *Com Açúcar, com Afeto*, *Logo Eu* (que "despacha pro batente" o companheiro) e *Quotidiano* (que encerra seu homem num abraço de ferro de um quotidianismo insuportável, metafórico e literal – "me aperta pra eu quase sufocar"). Assim também se descortina a ordem da festa e a ordem do trágico, representadas polarmente pela adolescente de *Sentimental*, que reivindica com veemência seu quinhão de felicidade, contrapondo-se à tragicidade de *Angélica* e da favelada do morro de *Meu Guri*, mulheres que representam a maternidade ferida: perderam seus filhos assassinados, um pelas forças da repressão política da ditadura militar, outro pelas forças policialescas da opressão socioeconômica. E também comparecem personagens que rompem com o discurso habitual sobre a mulher: da anti-heroína de *Sob Medida* ("Traiçoeira e vulgar, sou sem nome e sem lar", "Sou perfeita porque / igualzinho a você / eu não presto") à desmistificadora do sacrossanto amor materno (em *Uma Canção Desnaturada*), à prostituta que, invertendo os sinais da alienada relação de poder que está na base da prostituição, vai manipular e descartar o homem (*Folhetim*), à parceira de *Se Eu Fosse Teu Patrão*, canção que desvenda que a relação entre os sexos não escapou do viés da luta de classes. Aliás, como é sempre no contexto de uma intensa relação afetiva que se desvenda o fundamental da mulher, a abordagem das canções de temática feminina inevitavelmente deslizará para o terreno dos afetos, obrigando-nos a descortinar o poderoso veio da lírica amorosa do autor.

Mas há ainda a mulher de *As Vitrines*, canção que repercute ecos baudelairianos e benjaminianos, como já registrei em um artigo de 1986, "Do Eros Politizado à Polis Erotizada", no qual, aludindo ao estudo de Willi Bolle[3], aponto na canção de Chico também a sobreposição das imagens da mulher e da cidade, entroncando-se na linhagem de "A une Passante", de Baudelaire:

> Eu te vejo sumir por aí.
> Te avisei que cidade era um vão
> [...]
> Passas em exposição
> Passas sem ver teu vigia
> Catando a poesia
> Que entornas no chão.

---

3. Willi Bolle, *Fisiognomia da Metrópole Moderna*, 2. ed., São Paulo, Edusp, 2000.

CULT • Como se dá a polarização Chico-Caetano? Quando Caetano diz que Chico Buarque "anda para frente arrastando a tradição", isso se refere a sua produção de cunho político ou à produção lírica?

ADELIA BEZERRA DE MENESES • Tenho a impressão de que Caetano diz que Chico "anda para frente arrastando a tradição" como músico. E isso abarca, evidentemente, tanto sua produção de recorte mais político quanto de cunho mais lírico – apesar de, como já disse, não achar que renda muito essa discriminação entre o "lírico" e o "político". É mesmo um pouco o que penso: Chico Buarque é um artista arraigadamente brasileiro, fruto de um solo cultural e musical do qual ele sabe extrair as melhores linhas de força, do qual ele se torna porta-voz, e a partir do qual vai inovar, vai criar. É interessante que na palavra tradição, que vem do verbo latino *tradere*, já está essa conotação de entregar, passar a outro, "levar para frente". Nesse sentido, é paradigmática a canção *Paratodos*, do CD de mesmo nome, em que se percebe que há uma consciência do próprio Chico dessa tradição que desemboca nele. Nessa canção, ele faz como que uma introdução a uma espécie de autobiografia sua como compositor, desdobrando sua árvore genealógica musical brasileira. E aí se refere a sua família de sangue – "O meu pai era paulista / Meu avô pernambucano / O meu bisavô mineiro / Meu tataravô baiano" (o caldeirão não podia ser mais brasileiro) – e, sem transição, a sua família artística – "Meu maestro soberano / Foi Antonio Brasileiro" –, da qual o "maestro" (polivalência expressiva, que se refere a "mestre" e também àquele que "rege" uma orquestra musical inteira) é Antonio Carlos Brasileiro de Almeida Jobim, o Tom. E o resto da canção convoca (e é comovente) Dorival Caymmi, Ari Barroso, Vinicius de Moraes, Nelson Cavaquinho, Luiz Gonzaga, Pixinguinha, Cartola, Orestes Barbosa, João Gilberto, Caetano e demais contemporâneos, inclusive instrumentistas e cantoras, reservando um "evoé" aos "jovens à vista". Até terminar com uma afirmação incisiva: "Sou um artista brasileiro".

CULT – Quais são as personagens recorrentes na obra de Chico Buarque?

ADELIA BEZERRA DE MENESES • Além das mulheres… Já se tornou um lugar-comum dizer-se que a canção de Chico Buarque privilegia o marginal como protagonista, pondo a nu, assim, a negatividade da sociedade. Desde o primeiro disco, com *Pedro Pedreiro*, passando por *Meu Guri, Pivete, Iracema, Levantados do Chão, Assentamento*, os despossuídos têm voz e vez. Malandros, sambistas, pedreiros, pivetes, prostitutas, pequenos funcionários, sem-terras, mulheres abandonadas. Todo um povo que será reunido, por exemplo, num grande "carnaval", e que engrossará o enorme "cordão" – daqueles que "não têm nada pra perder". Ele os torna "protagonistas da História", dá voz àqueles que em geral não têm voz. É assim que em *O que Será*, a grande canção utópica, é com essa gente – os desvalidos e oprimidos – que a grande utopia acontecerá. E isso é um extraordinário traço de radicalidade que ele teve de quem herdar. Com efeito, a gente pode dizer que Chico é um "radical", filho de um historiador, Sérgio Buarque de Holanda, que é um dos mais significativos representantes daquilo que Antonio Candido chama de "pensamento radical", que se caracteriza por uma oposição fundamental ao pensamento conservador. E consiste, fundamentalmente, nesta sociedade de tão fundas sobrevivências oligárquicas, na atitude de tirar o foco das classes dominantes e abordar o "dominado" – mirar antes a senzala do que a casa-grande.

Antonio Candido aborda o "radicalismo" de Sérgio Buarque de Holanda mostrando em que medida seu escrito mais importante nesse sentido, que é *Raízes do Brasil* (onde Sérgio faz uma análise da nossa formação histórica), contraria os pontos de vista dominantes no tempo em que foi publicado. E desentranha daí, como mostra em seu estudo "Radicalismos" – incluído na terceira edição de *Vários Escritos*[4] –, a ideia do "advento das camadas populares à liderança". Assim, pai e filho, em suas obras – de ensaísta e de artista, respectivamente – vão se contrapor não apenas à supervalorização do papel das elites, como também

---

4. Antonio Candido, "Radicalismos", *Vários Escritos*, 3. ed. rev. e ampl., São Paulo, Duas Cidades, 1995.

Sérgio Buarque de Holanda e Chico Buarque, na casa da Rua Buri, São Paulo, 1982.

à valorização da herança colonial em sentido senhorial e ufanista (haja vista o tratamento que Chico lhes dá na peça *Calabar*). A posição de Sérgio, como aponta Antonio Candido, era única entre os intelectuais, num momento em que predominava, mesmo entre os melhores, a concepção de progresso pela iniciativa de elites esclarecidas. Em *Raízes do Brasil*, sugere-se que o avanço político significa o atendimento às reivindicações populares, por meio de um regime onde o próprio povo tomasse as rédeas.

Filho de um historiador que é considerado, no dizer de Antonio Candido, o primeiro intelectual brasileiro de peso que fez uma franca opção pelo povo no terreno político, deixando claro que ele deveria assumir o seu próprio destino e rompendo (em 1936!) a tradição elitista do nosso pensamento social, Chico, na criação de sua galeria de personagens, teve a quem puxar.

Canções Analisadas

1
Massarandupió

Entre Avô e Neto: Uma Infância Resgatada

O meu pai era paulista
Meu avô, pernambucano
O meu bisavô, mineiro
Meu tataravô, baiano[1].

É assim que começa a canção *Paratodos*, de Chico Buarque, em que ele traça parte da genealogia de sua família de sangue e, em seguida, de sua família musical, com destaque para o Maestro Soberano, Tom Jobim. Os ascendentes masculinos de quatro gerações, cada um de um Estado, comparecem para compor um mosaico brasileiro. Ressalto aí o "pai paulista": é inescapável que se sublinhe que se trata de Sérgio Buarque de Holanda, nosso maior historiador, professor da Universidade de São Paulo – e que Chico homenageia em seu discurso ao receber, em 2023, o Prêmio Camões de Literatura, o maior prêmio literário em língua portuguesa. E é nesse mesmo discurso, por sinal, que Chico vai também recitar os versos iniciais de *Paratodos*, com que iniciei o texto.

Esse trançado latente de antepassados – pai, avô, bisavô e tataravô – servirá de pano de fundo para a abordagem que farei da canção *Massarandupió*, articulando-a a outras composições, que, misturando ficção e vida real, tratarão também, direta ou indiretamente, de uma

---

1. Chico Buarque, *Paratodos*, álbum PARATODOS, RCA, 1993.

vivência familiar de infância, convivendo no mundo do faz de conta das crianças. Comecemos por *Maninha*[2]:

> Se lembra da fogueira
> Se lembra dos balões
> Se lembra dos luares dos sertões
> A roupa no varal,
> Feriado nacional
> E as estrelas salpicadas nas canções
> Se lembra quando toda modinha
> Falava de amor
> Pois nunca mais cantei, oh maninha
> Depois que ele chegou
>
> Se lembra da jaqueira
> A fruta no capim
> O sonho que você contou pra mim
> Os passos no porão,
> Lembra da assombração
> E das almas com perfume de jasmim
>
> Se lembra do jardim, oh maninha
> Coberto de flor […].

Que a "maninha" fosse ficcionalizada ou não, não importaria. Sabe-se que tinha sido reservada para que Miúcha, irmã de Chico na vida real, a cantasse. Mas, como dizia Vinicius de Moraes, nunca houve jaqueira nenhuma na casa em que a família Buarque de Holanda morava…

Aliás, o ouvinte/leitor é sempre tentado a cavucar um pouquinho as teias familiares da obra de um artista, apontando referentes da vida real, históricos. A gente sabe que o eu lírico não é o autor, não se iden-

---

2. Chico Buarque, *Maninha*, 1977.

tifica com o autor, mas a gente sabe também que é da vida real que é tirado o material a ser transfigurado em poesia. E temos uma curiosidade apaixonada por histórias de gente. Pois bem, se em *Paratodos* se concorda que Chico Buarque sobrepõe o autor pessoa física e jurídica ao eu lírico e evoca essa linhagem de antepassados, nos mostrando essa pegada de família, aceitamos também que há outras inúmeras composições em que, ao abrigo da curiosidade do público, existam referentes reais para as personagens das canções, algumas bem escondidas nas dobras da linguagem, como é o caso em *Acalanto*[3] –

> Dorm'minha peque*na*
> Não vale a p*ena* despertar
> Eu vou sair por aí afora
> Atrás da aurora
> Mais ser*ena*
> Dorm'minha peque*na*

– em que, por detrás de tanta rima em -*ena*, esconde-se Helena, a filhinha bebê, cujo nome comanda as rimas dos versos iniciais da canção, ressurgindo com sua sonoridade recolhida (e apurada) em "ser*ena*", com que a estrofe finaliza e se completa.

Como também é o caso da canção *Luísa*[4], composta em parceria por dois pais de menininhas com esse nome, Chico e Francis Hime:

> Por ela é que eu faço bonito
> Por ela é que eu faço o palhaço
> Por ela é que saio do tom
> E me esqueço no tempo e no espaço

---

3. Chico Buarque, *Acalanto*, 1971.
4. Chico Buarque e Francis Hime, *Luísa*, 1979. Gravada por Francis Hime no disco PASSARE-DO (cf. Humberto Werneck, *Chico Buarque – Tantas Palavras*, São Paulo, Companhia das Letras, 2006).

Quase levito
Faço sonhos de crepom

E quando ela está nos meus braços
As tristezas parecem banais
O meu coração aos pedaços
Se remenda prum número a mais

Por ela é que o *show* continua
Eu faço careta e trapaça
É pra ela que faço cartaz
É por ela que espanto de casa
As sombras da rua
Faço a lua
Faço a brisa
Pra Luísa dormir em paz.

De um lado, diriam os analistas de texto mais ortodoxos, conhecer os referentes da vida real não interessaria, pelo contrário, o texto se basta sozinho; mas de outro lado, essa contextualização dá à composição um encanto e uma carga de humanidade – a nós, ávidos de histórias de pessoas em carne e osso – que só faz tornar essas canções que carregam uma história biográfica mais próximas dos ouvintes/leitores. E mais carregadas de afeto.

De fato, um poema, uma canção é também a multiplicidade de histórias que a envolvem; uma canção é o que ela diz mais os "causos" que a cercam, a sua gênese, seu anedotário, seu contexto. É ela própria mais seu percurso, que compõem o que em teoria literária se chama "fortuna crítica". Camões, pelo que se sabe, sofreu um naufrágio na sua aventuresca vida, mas, diz a lenda, teria salvado das águas o manuscrito de *Os Lusíadas*, preservando-o para a posteridade. E se esse dado não interfere na altura poética da obra, é inegável que compõe a sua fortuna crítica e contribui para o afeto com que o público a brinda.

É assim que *Massarandupió*, com melodia de Chico Brown e letra de Chico Buarque, só ganha com a revelação de alguns detalhes de uma parceria neto/avô. Chico Brown (filho de Carlinhos Brown com Helena, filha de Chico Buarque com Marieta Severo) compôs a melodia de *Massarandupió* e a enviou ao avô. Tempos depois, Chico Buarque fez a letra e a ofereceu ao neto no dia do seu aniversário de vinte anos. Com todo o simbolismo de uma infância deixada para trás e o ingresso no mundo da música, chancelado pela parceria com o mais respeitado dos compositores vivos da MPB: quase que um rito de iniciação.

Trata-se de uma canção integrante daquilo que eu chamo de "lirismo nostálgico"[5] no cancioneiro de Chico Buarque, da linhagem de *A Banda, Realejo, João e Maria, Maninha* etc., presentes nos primórdios de sua carreira como compositor – em que o ouvinte era levado a estabelecer como referente a infância do autor pessoa física; e agora nós, que, repito, temos uma sede infinita de histórias de vida, somos impelidos a ver nessa canção a infância do neto, Chico Brown. A personagem criança em questão, que contracena com o eu lírico, não seria mais a maninha, ou a noiva do caubói, ou alguém da geração do compositor, mas é "aquele piá", "aquele psiu", "aquele neguinho", um "bacuri". Como em *Maninha*, como em *João e Maria*, evoca-se a infância, tempo de comunhão e magia. E vem o desejo de que

Devia o tempo de criança ir se
Arrastando até escoar, pó a pó
Num relógio de areia o areal de
Massarandupió.

Chico Buarque, em seu *show* "Caravanas", antes de cantá-la, dá ao público informações sobre a canção:

---

5. Cf. Adelia Bezerra de Meneses, *Desenho Mágico: Poesia e Política em Chico Buarque*, 3. ed., Cotia-SP, Ateliê Editorial, 2002.

Chico Buarque e o neto, Chico Brown, por ocasião da gravação da canção *Massarandupió*. Foto: Leo Aversa.

Massarandupió é o nome de uma praia na Bahia, onde meus netos, quando bem pequenos, passavam o verão, e onde minha filha enterrou o cordão umbilical do meu neto, Chiquinho. Chiquinho, esse que cresceu, virou Chico Brown, compositor e meu parceiro na música *Massarandupió*[6].

Vamos à letra da canção[7]:

No mundaréu de areia à beira-mar
De Massarandupió
Em volta da massaranduba-mor
De Massarandupió
Aquele piá

---

6. Mantovanni Colares, "Massarandupió: Longe do Mar", disponível no blog Olhos nos Olhos Cor de Ardósia: Múltiplos Olhares sobre a Canção de Chico Buarque, 25 dez. 2019.
7. *Massarandupió*, letra de Chico Buarque, música de Chico Brown. CD CARAVANAS, 2017.

Aquele neguinho
Aquele psiu
Um bacuri ali sozinho
Caminha
Ali onde ninguém espia
Ali onde a perna bambeia
Ali onde não há caminho

Lembrar a meninice é como ir
Cavucando de sol a sol
Atrás do anel de pedra cor de areia
Em Massarandupió
Cavuca daqui
Cavuca de lá
Cavuca com fé
Oh, São Longuinho
Oh, São Longuinho
Quem sabe
De noite o vento varre a praia
Arrasta a saia pela areia
E sobe num redemoinho

É o xuá
Das ondas a se repetir
Como é que eu vou saber dormir
Longe do mar
Ó mãe, pergunte ao pai
Quando ele vai soltar a minha mão
Onde é que o chão acaba
E principia toda a arrebentação
Devia o tempo de criança ir se
Arrastando até escoar, pó a pó
Num relógio de areia o areal de

Massarandupió
Devia o tempo de criança ir se
Arrastando até escoar, pó a pó
Num relógio de areia o areal de
Massarandupió[8].

Trata-se de uma composição representante da vertente do lirismo nostálgico, ocupada em literalmente "lembrar a meninice" de uma criança, que na canção é chamada por termos que evocam o componente indígena e africano do país – pois *piá* e *bacuri* (ambos de raiz indígena) acabam amalgamadas ao brasileiríssimo "neguinho" – que, evocando a presença africana ("nego" no diminutivo) – talvez seja a mais carinhosa invenção para se traduzir afeto, no Brasil. (Num parênteses, como não nos lembrarmos do trecho do discurso do Chico ao receber o prêmio Camões, aludindo aos ancestrais: "Tenho antepassados negros e indígenas, cujos nomes meus antepassados brancos trataram de suprimir da história familiar"[9].)

Agora ele tem descendentes, a quem transmitiu o nome e o renome, além da vocação musical.

Volto a *Massarandupió*. Entre os costumeiros jogos verbais do compositor – pió, piá, psiu – a canção desvela experiências da meninice e consegue, chamando para o primeiro plano aquele "bacuri ali sozinho", fazer emergir uma infância de praia e areia e vento e música, de mar e seu xuá. A presença da areia é fortíssima: um mundaréu de areia à beira-mar, o cavucar na areia, o anel de pedra cor de areia, o vento que arrasta a saia pela areia, o redemoinho que faz essa areia subir, o areal, o relógio de areia … E toda essa areia é instrumentada para virar uma metáfora da passagem da infância, da passagem do tempo. Literalmente, essa areia é recolhida numa imaginária ampulheta – em que a passagem

---

8. Chico Buarque, *Massarandupió*, CD CARAVANAS, Biscoito Fino, 2017.
9. Discurso por ocasião da outorga do Prêmio Camões 2019, no dia 24 de abril de 2023, Palácio Nacional de Queluz.

Praia de Massarandupió. Fonte: *Wikipédia, a Enciclopédia Livre*.

do tempo é iconizada, é materialmente mostrada pelo escoar da areia. Uma infância que, no desejo, deveria ser infindável; que, na ampulheta, "relógio de areia", deveria ser interminável, deveria significar todo o areal de uma praia:

> Devia o tempo de criança ir se
> Arrastando até escoar, pó a pó
> Num relógio de areia o areal de
> Massarandupió.

A areia domina como tema e como sonoridade no nível da palavra. Domina como tema, desdobrando ao longo das estrofes o seu campo semântico e seu universo correlato (areia, cor de areia, areal, cavucar, redemoinho, escoar, pó, relógio de areia); e domina como significante, no nível do som, à maneira de palavra-mestra, palavra suserana, impondo vassalagem[10] às demais, com jogos verbais que replicariam sua sonoridade, criando como que rimas internas aos vocábulos (mund*aréu*, *areia*, beira, *mar*, a*real*, mass*aran*duba, m*or*, *massaran*dupió). Criando privilégios fonéticos, em que o som rascante domina também em termos mais distantes das sonoridades básicas do vocábulo *areia*, mas que, todos, retomam a vibrante[11] -r-: bacu*r*i, lemb*r*ar, at*r*ás, ped*r*a, co*r*, va*rr*e, a*rr*asta, *r*edemoinho, *r*epetir, sabe*r*, do*r*mir, ma*r*, solta*r*, p*r*aia, i*r*, princi- pia, a*rr*ebentação, esco*a*r, c*r*iança, *r*elógio, a*r*eia, a*r*eal, Mass*ar*andupió. Confirma-se: a sonoridade básica de areia impõe vassalagem às demais palavras da canção.

Sabemos que as areias do mar são metáfora de infinitude: "tão numerosa quanto as areias do mar" deveria ser a descendência de Abraão, no *Genesis* bíblico.

Então, trata-se de uma canção sobre a infância e sobre o tempo, sobre a passagem do tempo, em que se inscreve o desejo de que o tempo da infância não passe. Mas mesmo que se cavuque de sol a sol atrás do anel de pedra cor de areia, mesmo que se cavuque com fé, mesmo que se apele ao São Longuinho das coisas perdidas, a infância fica para trás, inapelavelmente.

E antes de a areia do areal todo se escoar, pó a pó, a canção chega ao fim, o "tempo de criança" também tem que acabar. O princípio de realidade se contrapõe à fantasia de uma infância mensurada pelo escoar de todo o areal da Praia de Massarandupió. E faz-se presente a inquietude pela hora em que o filho deverá desgarrar-se do pai, e os trancos da vida terão que ser enfrentados.

---

10. Aludo aqui ao chamado "princípio de vassalagem tônica" do crítico francês Becq de Fouquières, que dizia que num poema a palavra semanticamente mais importante haveria de comandar a sonoridade das palavras do poema; as demais, em sua grande maioria, deveriam prestar-lhe uma "vassalagem" fonética (Louis Becq de Fouquières, *Traité Général de Versification Française*, Gallica – BNF, 1879).

11. Consoantes vibrantes (/r/, /R/ – som de rr): quando a língua e a parte de trás do céu da boca vibram durante a emissão do som que sai da boca. Exemplos: caro, carro.

O eu lírico passa a palavra ao bacuri, evocando mãe e pai:

Ó mãe, pergunte ao pai
Quando ele vai soltar a minha mão
Onde é que o chão acaba
E principia toda a arrebentação.

E, assim como na canção *João e Maria*, não se permanece no idílico: há a percepção de que a vida é uma "arrebentação", e que há um momento em que as crianças terão que caminhar sozinhas, deixar de andar de mãos dadas, seja com a companheirinha de brincadeiras, seja com o pai.

É muito interessante fazer um cotejo dessas duas canções de lirismo nostálgico, em que a nostalgia da infância se manifesta pondo em evidência o sentido etimológico do termo "nostalgia" (de *nostos* = retorno e *algia* = dor: literalmente, a dor do retorno), a ânsia dolorida por uma situação feliz que se sabe perdida.

Vejamos o que dizem os versos da canção emblemática do lirismo nostálgico dos primeiros tempos, *João e Maria*[12], e que abriga o mesmo gesto restaurador da confiança, dar a mão:

Vem, me dê a mão
A gente agora já não tinha medo
No tempo da maldade
Acho que a gente nem tinha nascido.

É significativo que nessa canção, dos inícios das composições do Chico, em que a infância se passava não numa praia, mas num quintal, o faz de conta implicava a obrigação da felicidade:

Agora eu era o herói
E o meu cavalo só falava inglês

---

12. Chico Buarque e Sivuca, *João e Maria*, 1977.

A noiva do caubói
Era você além das outras três
[...]
Agora eu era o rei
Era o bedel e era também juiz
E pela minha lei
A gente era obrigado a ser feliz.

Mas, ao final da canção, também irrompe, como em *Massarandupió*, a percepção do fim dessa situação protegida, e brota a angústia:

Agora era fatal
Que o faz de conta terminasse assim
Pra lá deste quintal
Era uma noite que não tem mais fim

Pois você sumiu no mundo sem me avisar
E agora eu era um louco a perguntar
O que é que a vida vai fazer de mim?

Retomemos *Massarandupió*, reiterando a pergunta fundamental que marca o fim da infância:

Ó mãe, pergunte ao pai
Quando ele vai soltar a minha mão
Onde é que o chão acaba
E principia toda a arrebentação.

Aqui, há a irrupção de uma voz que não é a mesma do eu lírico do resto da canção. Seria a voz da personagem piá/bacuri/neguinho que, como os protagonistas de *João e Maria* e de *Maninha*, também fala no interior da canção, inquieto com um futuro ameaçador, referindo "uma noite que não tem mais fim", aludindo a uma situação em que a "Maria"

Biblioteca Sérgio Buarque, da casa da Rua Buri, São Paulo. Fonte: Instituto Tom Jobim.

"sumiu no mundo sem [me] avisar", e se perguntando, com angústia: "O que é que a vida vai fazer de mim?"

Efetivamente, o pai já deve ter soltado a mão do piá que cresceu. Não se pode deixar de pensar – já que estamos apostando no referente da vida real das personagens desse texto – que o pai desse piá também é músico e se chama Carlinhos Brown. E aqui o pai baiano e o avô carioca (dos quais ele pegou, respectivamente, o sobrenome e o nome) fazem coincidir família de sangue com família musical. Em todo o caso, no recorte dessa canção, é como músico que o bacuri crescido dialoga com o avô, parceiro forte para aguentar "toda arrebentação" da vida.

Aliás, em seu discurso ao receber o Prêmio Camões de 2019[13] – já citado anteriormente, mas que, tendo tudo a ver com *Massarandupió*

---

13. Cf. nota n. 4 da "Nota Prévia" (p. 15).

por testemunhar uma transmissão entre gerações, será convocado mais uma vez aqui – Chico presta uma homenagem ao pai:

> Ao receber este prêmio penso no meu pai, o historiador e sociólogo Sérgio Buarque de Holanda, de quem herdei alguns livros e o amor pela língua portuguesa. Relembro quantas vezes interrompi seus estudos para lhe submeter meus escritos juvenis, que ele julgava sem complacência nem excessiva severidade, para em seguida me indicar leituras que poderiam me valer numa eventual carreira literária[14].

E, à semelhança do que se tinha passado entre o avô carioca e o bisavô paulista do autor da melodia de *Massarandupió*, em São Paulo, na famosa casa da Rua Buri, é de se supor que o neto Chiquinho Brown, décadas depois, talvez tenha irrompido no escritório do avô, isto é, em seu estúdio, no Rio de Janeiro, para lhe submeter, talvez, suas partituras juvenis, esperando também que ele as julgasse, "sem complacência nem excessiva severidade", para em seguida indicar algo que pudesse valer numa eventual carreira musical.

Se em *Paratodos* o autor aponta uma genealogia de pai, avô, bisavô e tataravô aludida nas tramas da canção, em *Massarandupió* esta linhagem está a raiz mesma da composição, enquanto parceria avô-neto, no plano familiar e no plano musical.

Levando para frente esse "imortal soluço de vida", como uma vez disse o Drummond.

---

14. Cf. nota 4 do capítulo "Nota Prévia", p. 15.

2
Tua Cantiga

Uma das produções que representa a vertente do puro lirismo dos afetos em Chico Buarque é *Tua Cantiga*: inapelavelmente lírica, é uma canção de amor incondicional, absoluto, na linha das grandes composições desse poeta do feminino e do amor em múltiplas intensidades e modulações. E uma característica fundante desta letra é ter sido, no nível, digamos, "conteudístico", garimpada no cancioneiro medieval, à moda das cantigas de amor trovadorescas[1]. Vamos a ela:

Quando te der saudade de mim
Quando tua garganta apertar
Basta dar um suspiro
Que eu vou ligeiro
Te consolar

Se o teu vigia se alvoroçar
E estrada afora te conduzir

---

1. Este texto é uma alentada ampliação de uma entrevista concedida à jornalista Renata de Albuquerque, da RDA-Comunicação Corporativa, para o *blog* da Ateliê, publicada em 25 de setembro de 2017, logo após o lançamento do CD CARAVANAS. A entrevista está disponível no blog sob o título "Chico Buarque em *Caravanas*". Disponível em https://blog.atelie. com.br/2017/09/chico-buarque-em-caravanas/. Acesso em 26/11/2023.

Basta soprar meu nome
Com teu perfume
Pra me atrair

Se as tuas noites não têm mais fim
Se um desalmado te faz chorar
Deixa cair um lenço
Que eu te alcanço
Em qualquer lugar

Quando teu coração suplicar
Ou quando teu capricho exigir
Largo mulher e filhos
E de joelhos
Vou te seguir
Na nossa casa
Serás rainha
Serás cruel, talvez
Vais fazer manha
Me aperrear
E eu, sempre mais feliz
Silentemente
Vou te deitar
Na cama que arrumei
Pisando em plumas
Toda manhã
Eu te despertarei

Quando te der saudade de mim
Quando tua garganta apertar
Basta dar um suspiro
Que eu vou ligeiro
Te consolar

Se o teu vigia se alvoroçar
E estrada afora te conduzir
Basta soprar meu nome
Com teu perfume
Pra me atrair

Entre suspiros
Pode outro nome
Dos lábios te escapar
Terei ciúme
Até de mim
No espelho a te abraçar
Mas teu amante sempre serei
Mais do que hoje sou
Ou estas rimas não escrevi
Nem ninguém nunca amou

Se as tuas noites não têm mais fim
Se um desalmado te faz chorar
Deixa cair um lenço que eu te alcanço
Em qualquer lugar

E quando o nosso tempo passar
Quando eu não estiver mais aqui
Lembra-te, minha nega
Desta cantiga
Que fiz pra ti[2].

Estruturada por uma interlocução com um "tu", diante do qual o eu lírico é totalmente submisso, a canção oscila entre "quando" e "se" (conjunções subordinativas condicionais), que mostram que o agir do poe-

---

2. Chico Buarque e Cristóvão Bastos, *Tua Cantiga*, CD CARAVANAS, 2017.

ta seria totalmente dependente da mulher: "Quando te der saudades de mim / Quando tua garganta apertar", "Quando teu coração suplicar / Ou quando teu capricho exigir"; "Se o teu vigia se alvoroçar", "Se as tuas noites não têm mais fim / Se um desalmado te faz chorar". De fato, as eventuais ações do eu lírico seriam totalmente condicionadas pelas veleidades da dama. É interessante observar que ao final há dois "quando", conjunções subordinativas temporais ("Quando o nosso tempo passar / Quando eu não estiver mais aqui"), que transportam para um outro plano – o fim do tempo do casal e a morte do poeta – o que dá um tom pungente à súplica final: "Lembra-te, minha nega / desta cantiga / que fiz pra ti". A ideia que aí subjaz é que a cantiga sobrevive ao tempo, em forma de lembrança. Os amores acabam, mas a poesia permanece.

Como declarei, em 2017, ao *blog* da Ateliê Editorial, imediatamente após o lançamento do CD que abriga essa canção (CARAVANAS), essa composição se filia, enquanto recorte temático e enquanto postura emocional (não falo do aspecto formal), ao gênero de uma cantiga de amor, entroncada no Trovadorismo Medieval (séculos XII a XIV), em que a dama era a "senhora" absoluta do trovador, que assumiria a posição de uma "vassalagem amorosa". Efetivamente, há um código amoroso em tela, ou melhor, uma codificação cavalheiresca, que rege o andamento narrativo da canção e que tem que ser conhecida para se iluminar com o devido foco esse texto, o que tornaria anacrônicas as investidas de uma pauta moral dos patrulheiros de plantão. Não nos esqueçamos de que o autor nos adverte, logo no início, ou melhor, antes do início, com o título: Tua *Cantiga*.

Uma das características mais marcantes dessa produção lírica da Idade Média é a veneração do trovador pela mulher amada, sua senhora absoluta, que encontra analogia numa forma de convivência política da época do feudalismo, a vassalagem. Nesse regime, a relação suserano-vassalo se regia pela incondicional fidelidade do súdito frente ao senhor feudal, de quem receberia terra e proteção, mas de quem se transformaria como que numa propriedade. Um dos sinais disso era o próprio ritual que sacramentava essa relação: o vassalo jura de joelhos

Rito de juramento de fidelidade do vassalo ao suserano (Konrad von Limburg, *Codex Manesse*, 1305-1315). Fonte: Biblioteca Nacional Austríaca.

eterna fidelidade ao suserano, depositando nas mãos do senhor as suas mãos. Analogamente, é de joelhos que o amante jura incondicional amor à sua dama.

Esses elementos de um código amoroso em paralelo com um código político, diz Otto Maria Carpeaux, seriam imediatamente compreensíveis ao homem medieval – o que constituiria um dos motivos do êxito internacional da poesia dos trovadores provençais[3].

3. Cf. Otto Maria Carpeaux, *História da Literatura Ocidental*, Brasília, Editora do Senado Federal, 2008, vol. I, pp. 201-206.

Em *Tua Cantiga*, vários índices de uma relação nesse recorte aparecem, configurando-se um código comportamental amoroso: a obediência cega ("basta dar um suspiro / que eu vou ligeiro / te consolar"; "basta soprar meu nome / com teu perfume / pra me atrair"; "deixa cair um lenço / que eu te alcanço / em qualquer lugar"); o cuidado ("silentemente / vou te deitar / na cama que arrumei"); o serviço amoroso ("pisando em plumas / toda manhã / eu te despertarei"); as juras de amor na situação aceita de amante ("mas teu amante / sempre serei / mais do que hoje sou"). De tão irracionalmente absoluta, nem reciprocidade exige ("entre suspiros / pode outro nome / dos lábios te escapar"), embora aí lateje o ciúme não sopitado ("terei ciúme / até de mim / no espelho a te abraçar"). O amor surge aqui como força soberana, suserana, paixão avassaladora, que não segue leis nem normas sociais ("quando teu coração suplicar / ou quando teu capricho exigir / largo mulher e filhos"), num patamar de pura adoração ("de joelhos / vou te seguir / na nossa casa / serás rainha / serás cruel, talvez"). (Evidentemente, aqui, diga-se num parênteses, há uma alusão ao rito de vassalagem acima referido. Alguns séculos mais tarde, no início do século XVI, Camões declara, inclusive, num de seus sonetos, que vai "servir de giolhos" a sua amada. Pode-se dizer, aliás, que o poeta provençal (que influenciaria Dante, Petrarca, Camões) anteciparia várias posturas do Romantismo.)

Importa dizer que nas origens do lirismo medieval no âmbito do catolicismo está o culto a Maria, que, secularizado, transformou-se no culto à dama[4]. Daí, se pode aquilatar o grau de quase divinização do feminino que aí se embute.

Mas aqui, nessa "rainha / cruel, talvez", cabe apontar o *topos* da "*Dame sans merci*", a dama sem piedade (ou sem compaixão), que tortura o trovador com sua inacessibilidade, sua esquivança e seus caprichos. Mas, fora a crueldade, há dois comportamentos da dama descritos pelo

4. *Idem*, p. 201.

O Trovador e sua Dama, Grosse Heildelberger Liederhandschrift, *Codex Manesse*, Zurique, *c.* 1300. Fonte: Universitätsbibliothek Heidelberg.

eu lírico com as expressões "fazer manha" e "aperrear" que curiosamente colidem com o estilo de uma pose nobre.

Um tópico correlato é o sofrimento, a inevitável "coita de amor". Coita: daí se derivou a palavra "coitado" – que, aliás, caracterizará fundamente a parte final da canção, com a alusão à morte do trovador ("Quando eu não estiver mais aqui"). Um exemplo desse caráter absoluto e fatal do amor, pinçado entre tantos, é a cantiga de amor de Bernal de Bonaval, do século XIII:

> A dona que eu am' e tenho por senhor
> amostrade-mh-a, Deus, se vos em prazer for,
> se non dade-mh-a morte.
>
> A que tenh'eu por lume d'estes olhos meus
> e por que choran sempr', amostrade-mh-a Deus,
> se non dade-mh-a morte.
>
> Essa que vós fezestes melhor parecer
> de quantas sey, ay Deus!, fazede-mh-a veer,
> se non dade-mh-a morte.
>
> Ai, Deus! qui mh-a fezestes mays ca mim amar,
> mostrade-mh-a u possa com ela falar,
> se nom dade-mi-a morte[5].

---

5. A mulher que eu amo e tenho por senhora
mostrai-me, Deus, se vos prouver,
senão, dai-me a morte.

A que tenho por luz destes olhos meus
e pela qual choram, sempre, mostrai-me Deus,
senão, dai-me a morte.

Essa que vós fizestes melhor parecer
de quantas há, ai Deus!, fazei-me ver,
senão, dai-me a morte

Por sinal, em *Tua Cantiga* é só na fantasia do eu lírico que se daria efetivamente o encontro erótico dos dois, numa situação que não se sabe se terá chegado, pois os verbos estão todos no futuro (*"serás rainha", "serás cruel talvez", "vais fazer manha", "vou te deitar"*, "toda manhã *eu te despertarei"*).

Sabemos que o amor cortês implica, por parte do "amador", uma paixão incondicional, que infringe regras sociais, porque tem as suas próprias, codificadas sob o nome de *leys d'amors*: há, por exemplo, um traço necessariamente antimatrimonial nessa ligação, nos quadros do mundo feudal. Seria importante revisitar a tese clássica de Denis de Rougemont, em *História do Amor no Ocidente*, em que o autor trata do conflito necessário entre paixão e casamento. Aí, abordando o romance *Tristão e Isolda*, ele desenvolve a ideia do adultério como condição do amor-paixão[6]. Para Rougemont,

> [...] segundo a tese oficialmente admitida, o amor cortês nasceu de uma reação contra a anarquia brutal dos costumes feudais. Como se sabe, no século XII o casamento havia se tornado para os senhores um puro e simples meio de enriquecimento e de anexação de terras oferecidas em dote ou prometidas em herança. [...] A esses abusos [...] o amor cortês opõe uma fidelidade independente do casamento legal e fundada exclusivamente no amor[7].

Instaura-se um paradoxo: em nome do amor, descarta-se o casamento, que se tornara, eu diria, um contrato antes patrimonial que matrimonial. Cabe aqui uma observação sobre o "vigia", ou o "desalmado"

> Ai, Deus, que me fizestes amá-la mais que a mim,
> mostrai-me, que eu possa com ela falar,
> senão, dai-me a morte.
>
> (Tradução minha)

6. Denis de Rougemont, *História do Amor no Ocidente*, São Paulo, Ediouro, 2003, p. 20.
7. *Idem*, p. 48.

(da segunda e terceira estrofes), e que remetem a um terceiro nesse triângulo amoroso inescapável do amor cortês: o marido, ou alguém por ele pago para a vigilância da dama.

O poeta é um "precator", um suplicante, e, por detrás de sua súplica, paira necessariamente a sombra do adultério. Na maior parte dos casos, só fora do casamento oficial – encarado, como já referido, como aliança de interesses outros que os afetivos – esse amor poderia existir, representando a primazia do sentimento sobre o institucional. Trata-se da paixão vivida no seu sentido etimológico: do mesmo radical de *passio* (latim)[8], o *pathos* (grego) é antes aquilo que se sofre, aquilo que se experimenta, do que aquilo que se faz. É algo que me atinge, que eu sofro (significativamente, da mesma etimologia de "paciente"). Dessa perspectiva, reitero, o "largo mulher e filhos" da canção é índice do amor absoluto, avassalador, que infringe regras e vibra no diapasão da experiência passional.

O amor-paixão, simbolizado pelo filtro, é destino, força cega; e essa força, revestida de fatalidade, que é figurada privilegiadamente no mito de Tristão e Isolda. Em *Tristão e Isolda*, encontra-se a mais radical reflexão sobre a paixão: *Amors par force vos demeine*[9].

Aliás, independentemente do "modelo" de amor aqui seguido (no caso, o amor cortês), o que se tem a dizer é que a literatura é mimese, mimese da vida, é representação do real, e a realidade não segue nenhuma cartilha de bom comportamento. O amor-paixão, matéria-prima privilegiada da poesia, não obedece a decálogos ou leis. Por sinal, é este um dos motivos que fez Platão, em *A República*[10], expulsar o poeta da pólis, a cidade ideal, inaugurando a justificação da censura no mundo ocidental. Pois, como diz o filósofo, temos "consciência do fascínio que a poesia exerce sobre nós". Ela "alimenta e dá de beber às paixões".

---

8. Do termo latino *passio-passionis* derivou-se *paixão*.
9. "O amor por força vos domina."
10. Platão, *A República*, em *Diálogos* (vols. VI-VII). Tradução de Carlos Alberto Nunes. Livro X, 605-606. Universidade Federal do Pará, Editora da UFPA, 1976.

Como a paixão é disruptiva, os guardiães da cidade ideal terão o dever de protegê-la dos poetas.

Há um último *topos* a ser observado. Vivemos num caldo cultural em que várias águas se misturam. Há traços do amor – e, como todo elemento humano, o amor é historicizado – que subsistem, que atuam, e que, deitando raízes lá no século XII, XIII, como no caso, existem para além da época em que foram originalmente expressos, e que são constituidores do tecido da vivência amorosa de seres humanos de outros tempos e de outros espaços.

Então, apesar de historicizada, e tendo como modelo uma analogia com uma forma histórica de convivência política da Idade Média, essa postura subsiste como traço nas relações amorosas de outros tempos e espaços, ou melhor, nas relações passionais *também da contemporaneidade*. Que se consulte a literatura e os grandes passionais, tão inconvenientes nas suas atitudes, tão *não convencionais* e que, no auge de uma paixão sem limites, abdicam de si e de todo seu universo por conta do seu amor. Deve-se censurar a Camões, que, no século XVI, num de seus sonetos, declara, como já referido, "servir de giolhos" à sua amada?

Ou, no século passado, no âmbito da canção francesa, o que dizer do *Hymne à l'Amour* (*Hino ao Amor*), consagrado na voz de Edith Piaff, do qual destaco duas estrofes:

> *J'irais jusqu'au bout du monde*
> *Je me ferais teindre en blonde*
> *Si tu me le demandais*
> *J'irais décrocher la lune*
> *J'irais voler la fortune*
> *Si tu me le demandais*
>
> *Je renierais ma patrie*
> *Je renierais mes amis*
> *Si tu me le demandais*

On peut bien rire de moi
Je ferais n'importe quoi
Si tu me le demandais [11]

Aqui também o amor-louco leva a extremos, no limite do possível, infringe os mais sagrados códigos, leva a renegar a pátria e os demais afetos. No mesmo diapasão, ainda no âmbito da canção francesa, em tempos contemporâneos, pode-se apontar Jacques Brel, que em *Ne me quittes pas* (*Não me Deixes*) diz coisas belíssimas relativas à sua paixão, mas também se anula, em imagens que quase chocam. Vejamos:

Ne me quittes pas
[...]
Je ferai un domaine
Où l'amour sera roi
Où l'amour sera loi
Où tu seras reine

Ne me quitte pas
Je ne veux plus pleurer
Je ne veux plus parler
Je me cacherai là
A te regarder
Danser et sourire
Et à t'écouter
Chanter et puis rire
Laisse-moi devenir

11. Letra de Marguerite Monnot e melodia de Louis Guglielmi (Louiguy), *Hymne à l'Amour*, 1950. "Eu iria até o fim do mundo / eu me tingiria de loira / se tu me pedisses. / Eu faria o impossível / iria roubar a fortuna / se tu me pedisses./ Eu renegaria minha pátria / renegaria meus amigos / se tu me pedisses. / Podem rir de mim / eu faria não importa o quê, / se tu me pedisses." (Tradução literal minha).

L'ombre de ton ombre
L'ombre de ta main
L'ombre de ton chien
Ne me quitte pas[12]

Resta ainda uma questão, suscitada pela última estrofe da canção de Chico Buarque:

Quando o nosso tempo passar
Quando eu não estiver mais aqui
Lembra-te, minha nega,
Desta cantiga que fiz pra ti.

Qual é o "nosso tempo" a que se referem esses versos? Eu apostaria na polivalência: seria o tempo do trovador europeu, do século XII, que faz uma cantiga de amor à sua senhora, mas também do eu lírico brasileiro, do século XXI, que vive uma paixão avassaladora e faz uma cantiga para sua "nega". Isso significa que essa canção não teria necessitado de todo esse apanhado histórico-cultural para se justificar, para ser entendida. É verdade que o poeta compôs essa obra nesse modelo temático de uma cantiga que remete à Idade Média feudal; no entanto, no nosso tempo também, ela nomeia sentimentos, emoções, situações humanas de alto tônus afetivo, de alta voltagem, que não nos são estranhas, mas diferentemente moduladas. E nos traduzem, ou melhor, traduzem aspectos de nós, que atravessam os tempos.

---

12. Jacques Brel e Gérard Jouannest, *Ne me quittes pas*, 1959. "Não me deixes / Eu criarei um domínio / Onde o amor será rei / Onde o amor será lei /E serás rainha / [...] Não me deixes / Não vou mais chorar / Não vou mais falar / Eu me esconderei num canto / a te olhar dançar e sorrir / a te ouvir cantar e depois rir / Deixa que eu me torne / a sombra de tua sombra / a sombra de tua mão / a sombra de teu cão. Não me deixes". (Tradução literal minha).

3
Renata Maria

OU A VÊNUS RENASCIDA
EM PLAGAS BRASILEIRAS

O poeta é aquele ser a quem é dado, mais do que aos outros, o poder de manifestar a vida dos afetos. É como se ele tivesse uma maior possibilidade de contato com o próprio inconsciente – pessoal e filogenético – e a poesia é um espaço em que se permite ao inconsciente aflorar. Mas, além disso, o poeta dispõe desse privilégio de lidar com as palavras e traduzir o que se pensa, o que se sente, o que se intui.

Já se repetiu muito que Chico Buarque é o poeta do amor e do feminino[1], assuntos que costumam vir amalgamados na sua lírica. Vou agora propor uma amostra – apenas uma pequeníssima amostra – de uma composição que modula essa temática e que, num diálogo cultural, para além dos textos, mostra um encontro do eu lírico com o feminino.

Com efeito, a canção *Renata Maria*[2] fala de uma mulher que sai das águas do mar, uma visão deslumbrante que como que fulmina e paralisa o espectador que é o eu lírico.

Vamos a ela:

---

1. Para um estudo mais aprofundado desse assunto, tendo como *corpus*, no entanto, canções mais antigas remeto ao meu livro *Figuras do Feminino na Canção de Chico Buarque*, 2. ed., Cotia-SP, Ateliê Editorial, 2002.
2. Letra de Chico Buarque e música de Ivan Lins, *Renata Maria*, CD CARIOCA, Biscoito Fino, 2006.

Ela, era ela, era ela no centro da tela daquela manhã
Tudo o que não era ela se desvaneceu
Cristo, montanhas, florestas, acácias, ipês

Pranchas coladas na crista das ondas, as ondas suspensas no ar
Pássaros cristalizados no branco do céu
E eu, atolado na areia, perdia meus pés
Músicas imaginei
Mas o assombro gelou
Na minha boca as palavras que eu ia falar
Nem uma brisa soprou
Enquanto Renata Maria saía do mar
Dia após dia na praia com olhos vazados de já não a ver
Quieto como um pescador a juntar seus anzóis
Ou como algum salva-vidas no banco dos réus
Noite na praia deserta, deserta, deserta daquela mulher
Praia repleta de rastros em mil direções
Penso que todos os passos perdidos são meus

Eu já sabia, meu Deus
Tão fulgurante visão
Não se produz duas vezes no mesmo lugar
Mas que danado fui eu
Enquanto Renata Maria saía do mar.

O título tem um nome de mulher, Renata Maria, que sugere que to-
maremos contato com algo que revele o feminino. No entanto, o que se
verá é uma descrição sucinta dos efeitos de um acontecimento na sen-
sibilidade masculina. Que o sujeito é um homem, deduz-se pelo gênero
gramatical dos adjetivos a ele referidos: "atolado", "quieto", "danado". A
canção toda é isso: declarações do eu lírico – que, fique acertado, não
é o autor pessoa física e jurídica, mas um construto literário – diante
da visão de uma mulher saindo do mar, e as reações emocionais que

tal fato provoca. Reações que podem resumir-se num desacerto paralisante, que atinge sensorialmente o sujeito, incidindo na visão ("com os olhos vazados de já não a ver"), na fala ("o assombro gelou / na minha boca as palavras que eu ia falar"; "quieto como um pescador"), na situação corporal ("atolado na areia"), na desorientação ("rastros em mil direções"; "passos perdidos"), na audição (as músicas não são ouvidas, só imaginadas). Esses efeitos também se espraiarão pela natureza ao redor, fazendo com que tudo fique como que em suspenso. De fato, a primeira coisa perceptível é que tudo para, a fixidez toma conta daquilo que é visto no entorno: pranchas coladas nas cristas das ondas, ondas suspensas no ar, pássaros cristalizados no branco do céu, a brisa não sopra. A emoção que toma o mundo interior do protagonista como que transborda para a paisagem. A música cessa, a não ser a "imaginada" – o que poderia nos remeter à "música calada"[3] dos místicos? Pois tanto a música como a fala, processos temporais que se efetivam no tempo, implicando em movimento, sucessão, mudança, não acontecem senão na intenção ou na imaginação.

Um intensíssimo elã de enamoramento se processa, cujo efeito máximo está descrito no segundo verso da canção: "Tudo o que não era ela se desvaneceu". Segue-se a enumeração do que desapareceu, configurando uma paisagem: "Cristo, montanhas, florestas, acácias, ipês" – paisagem carioca, caracterizada pela estátua do Cristo do Corcovado dominando as montanhas, as florestas e as típicas árvores em floração – tudo desvanecendo diante da visão da mulher. Mas também, dado o teor da canção, pode-se ignorar a localização dessa praia onde "ela" surge, e uma outra interpretação se viabiliza, no contexto em que "Tudo que não era ela se desvaneceu": Cristo teria desaparecido pelo fato de a mulher ter-se tornado a única "divindade" para o protagonista. Como na canção de Herivelto Martins e David Nasser, consagrada por Nelson Gonçalves:

---

3. Cf. San Juan de la Cruz, *Cántico Espiritual*.

Eu amanheço pensando em ti
Eu anoiteço pensando em ti
Eu não te esqueço
É dia e noite pensando em ti
Eu vejo a vida pela luz dos olhos teus
Me deixe ao menos por favor pensar em Deus[4].

De fato, na canção acima, *Pensando em Ti*, também se deflagra o mesmo intenso processo emocional, com a descrição de uma experiência masculina diante de uma insurgência poderosa do feminino.

Em *Renata Maria*, trata-se de um enamoramento súbito: um encontro, um vislumbre, um único instante... e suas consequências devastadoras. É o *topos* do amor *coup de foudre* (literalmente: golpe de raio), amor à primeira vista, com toda a sua intensidade. Aliás, aqui, raio (que é o que fulge) comparece substituído pela expressão "fulgurante visão", ao final do texto, em que o conhecido provérbio "um raio não cai duas vezes no mesmo lugar" é transliterado por "Tal fulgurante visão / não se produz duas vezes no mesmo lugar". Mais do que a psicologia ou a psicanálise, é a poesia que nos dá conta disso. O efeito é tão intenso que há uma percepção de que se vive algo de arquetípico – algo que mergulha no mito.

Esse amor-paixão prescinde de uma história, prescinde do tempo. O evento desencadeador não prossegue no *continuum* da vida, mas sequestra a psique do indivíduo que narra os efeitos desse evento, o que estrutura a letra da canção. De fato, o protagonista mostra um "deslumbramento", em que seus sentidos sofrem como que um arrebatamento, uma captura, que, tecnicamente, se traduz como um "rapto dos sentidos" – que, como vimos, faz tudo se paralisar.

E tudo isso por conta da visão de uma mulher que saía do mar. E aí, impõe-se recuar ao mito.

---

4. Herivelto Martins e David Nasser, *Pensando em Ti*, 1957.

Mural de *Venus Anadyomene*. Casa del Principe di Napoli, em Pompeia.

A visão da mulher saindo das águas tem uma tradição prestigiosa na iconografia do mundo grego antigo: é o *topos* da *Aphrodite Anadyomene*, literalmente *Afrodite levantando-se*, ou *subindo* das águas. Efetivamente essa visão, com toda força mítica da mulher que surge das águas, desperta os arquétipos do feminino e do mar, que se potenciam reciprocamente.

O motivo parece ter sido originalmente tratado pelo pintor Apelle, do século IV a.c., cuja obra se perdeu, mas é descrita por Plínio, em seu *Tratado de História Natural*[5]. Sendo um autor latino, Plínio chama Afrodite de Vênus. Esse tema foi frequentemente repetido na Antiguidade, como o atestam os numerosos exemplares de esculturas encontrados, inclusive estatuazinhas de terracota, com peças datadas do século II. Mas é no Renascimento que esse tema florescerá retomado com força, como se pode ver em *O Nascimento de Vênus*, de Botticelli, que é de 1484 (e de que vou tratar mais adiante), ou na também magnífica obra de Ticiano, intitulada *Venus Anadyomene*, de 1520.

Aqui se nota uma constante para esse *topos*: a deusa recém-saída do mar torce os cabelos para retirar o excesso de água.

Pois bem, toda essa iconografia sai das águas do mito. Urge lermos Hesíodo (século VIII a.c.), que na *Teogonia* (literalmente "Origem dos Deuses") narra o nascimento de Afrodite, cujo nome etimologicamente embute o termo *aphrós* = espuma. Afrodite nasce do mar, mais precisamente da espuma formada pelas águas salgadas do mar, misturadas ao esperma de Urano. Vamos à narrativa mítica: Urano, o Céu, em suas incessantes uniões com Gaia, a Terra, procria ininterruptamente, mas impede que seus filhos venham à luz. Atulhada com toda a prole em seu ventre, a Terra geme e trama um ardil: convence o filho mais novo, Cronos, a castrar o pai. É o que ele faz, cortando os genitais de Urano e lançando-o a esmo para trás. Do sangue caído sobre a Terra, nasceram as Erínias; do membro decepado que caiu no mar, criou-se uma espuma, de onde se

---

5. Plinio, o Velho, compôs sua monumental *História Natural* em 37 volumes, no século I d.C. (por volta dos anos 70).

Ticiano, *Venus Anadyomene*, 1520.

formou Afrodite, deusa do amor e do desejo. Quando ela surge, levantando-se das águas, e se dirige à Ilha de Chipre, a relva floresce a seus pés[6].

Vejamos a parte final desse mito diretamente em Hesíodo, em tradução de Jaa Torrano:

> O pênis, tão logo cortando-o com o aço
> atirou do continente no undoso mar,
> aí muito boiou na planície, ao redor branca
> espuma da imortal carne ejaculava-se, dela
> uma virgem criou-se. Primeiro Citera divina
> atingiu, depois foi à circunfluída Chipre
> e saiu veneranda bela Deusa, ao redor relva
> crescia sob esbeltos pés. A ela, Afrodite
> Deusa nascida de espuma e bem-coroada Citereia
> apelidam homens e Deuses, porque da espuma
> criou-se e Citereia porque tocou Citera,
> Cípria porque nasceu na undosa Chipre
> e Amor-do-pênis porque saiu do pênis à luz.
> Eros acompanhou-a, Desejo seguiu-a belo,
> tão logo nasceu e foi para a grei dos deuses.
> Esta honra tem dês o começo e na partilha
> coube-lhe entre homens e deuses imortais
> as conversas de moças, os sorrisos, os enganos,
> o doce gozo, o amor e a meiguice[7].

Por outro lado, na outra fonte importante que temos sobre essa deusa, o *Hino Homérico a Afrodite*[8], que é do século VII a.c., a deusa, tão marcada por essa origem intensamente sexualizada, desperta o "doce desejo"

---

6. Hesíodo, *Théogonie*, trad. Paul Mazon, Paris, Les Belles Lettres, 1951.
7. Hesíodo, *Teogonia – A Origem dos Deuses*, trad. Jaa Torrano, São Paulo, Roswitha Kempf Editores, 1986, pp. 134-135.
8. Os *Hinos Homéricos* não se reportam a Homero como autor, mas a produções que, do ponto de vista da forma, dizem respeito ao gênero épico.

CHICO BUARQUE OU A POESIA RESISTENTE

e submete à sua lei a raça dos mortais, dos deuses e também os animais: ela é a "Senhora das Feras", numa manifestação poderosa de sua ação, força irresistível que a todos domina. Diz o *Hino Homérico a Afrodite*:

[...] atrás dela, caminhavam, festejando-a, os lobos cinzentos, os leões de pelo amarelo, os ursos, e as panteras velozes; olhando-os, ela se alegra de todo coração e infunde em seus peitos o desejo: então, eles vão todos acasalar à sombra dos vales[9].

Voltemos à nossa canção, *Renata Maria*, em que "Re-nata" etimologicamente significa nascida de novo. Por outro lado, o nome próprio Maria é usado por vezes não como onomástico, mas para designar simplesmente uma mulher. No Brasil, se diz popularmente "Dona Maria" para indicar uma personagem feminina. E a razão da importância desse nome, em todas as línguas ocidentais, deve-se ao cristianismo: Maria é a mãe de Jesus Cristo, e sua iconografia, que dominou com exclusividade a Idade Média, a partir do Renascimento começa a ser substituída pela iconografia clássica. Por sua vez, o cognome Maria como que potencia a dimensão feminina de Renata, a mulher renascida.

É isto a canção toda: um homem fulminado pela visão de uma mulher saindo do mar:

Ela era *ela* era *ela* no centro da t*ela* daqu*ela* manhã.

A presença dominadora do feminino é martelada pelo pronome pessoal "ela": "*ela* era *ela* era *ela*" – que ainda ecoa dentro dos termos "t*ela*" e "daqu*ela*"[10]. Esse pronome substitui o nome da mulher que dá

---

9. *Hymnes Homeriques*, trad. Jean Humbert, Paris, Les Belles Lettres, 1976, vol. I, pp. 67-74. Tradução minha, a partir do texto francês.

10. Cf. Luca Bacchini, "*Renata Maria* ou a Fenomenologia de um Momento de Sublime Danação", *in* Rinaldo Fernandes (org.), *Chico Buarque: O Poeta das Mulheres, dos Desvalidos e dos Perseguidos: Ensaios Sobre a Mulher, o Pobre e a Repressão Militar nas Canções de Chico*, São Paulo, LeYa, 2013.

Botticelli, *Nascimento de Vênus*, 1485.

título à composição – e que só vai ser nomeada no exato centro da canção, no verso onze: "Enquanto Renata Maria saía do mar". Esse verso vai reaparecer na última estrofe, no verso final. Mas o importante aí também é "tela" – que nos remete de imediato a uma pintura. E a associação inevitável é com a *Afrodite Anadyomene*, acima referida. Como já comentei, a partir do Renascimento proliferaram reproduções do nascimento de Vênus, que por vezes se associam a essa "Maria Renascida" a que a etimologia de Renata e alusões à Virgem nos conduzem.

É o que se passa com a pintura de Botticelli, intitulada *Nascimento de Vênus*, que é de 1485. Nesse quadro, a deusa do amor, Afrodite – Vênus para os romanos – emerge das águas em uma concha, sendo impelida pelo vento Zéfiro, abraçado a uma ninfa, até a terra firme. E na praia é esperada por uma das deusas Hora (divindades das estações), que tem nas mãos um manto bordado de flores. É importante observar que essa mulher, mais velha, séria e decidida, maternal, como que tenta cobrir a nudez da deusa. E é ela, Afrodite, que ocupa o "centro da tela", como fala a canção. Dizem os críticos de arte que aí se efetiva a aproximação da imagem de Afrodite com a de Maria. Francastel observa que nesse quadro percebe-se o nascimento de uma nova divindade, o triunfo de uma nova beleza. Diz ele que o rosto da *Vênus* de Botticelli assemelha--se mais ao de uma Madona do que propriamente ao das deusas antigas. (De fato, esse rosto transpira doçura e pureza; no entanto, faltaria a criança no colo.)

Na história da arte, temos, enquanto figuras do feminino, as representações das deusas gregas na arte clássica; e, depois, as imagens da Virgem Maria, tanto nos ícones bizantinos, como em toda arte medieval, com a presença dominante das Madonas, o Menino Jesus ao colo. Mas com o *Nascimento de Vênus*, de Botticelli, assistimos a uma retomada das deusas gregas, substituindo a Virgem Maria, mas sempre se resvalando na ideia de que a beleza participa do sagrado. A gente poderia dizer que, assim como nas origens do lirismo medieval – o trovadorismo no recorte do catolicismo, está o culto a Maria e este, secularizado, transformou-se no culto à dama[11] presente no amor cortês, aqui se vê uma quase divinização do feminino "pagão", com uma Vênus cujo rosto se parece muito mais com o de uma santa do que com uma deusa grega.

Mais de quatro séculos depois, no contexto da cultura brasileira, temos uma obra também intitulada *Nascimento de Vênus*, da autoria de Di Cavalcanti, numa explícita alusão ao quadro renascentista.

Importa, então, sem nenhuma pretensão de uma análise de pintura, fazer um rápido cotejo entre as duas telas: enquanto no *Nascimento de Vênus* de Botticelli há uma figura nua feminina que, em pé, domina a cena, centralizando a atenção, na tela do Di Cavalcanti, Vênus – que é a única imagem clara, uma mulher loira, também nua, deitada – é cercada de três outras mulheres, três belas negras, todas voltadas para ela, ainda meio adormecida, recém-resgatada das águas. O mar azul

---

11. Otto Maria Carpeaux, *História da Literatura Ocidental*, Brasília, Editora do Senado Federal, 2008, vol. I., p. 201.

Di Cavalcanti, *Nascimento de Vênus*, 1940.

comparece atrás da cena – trata-se de uma praia brasileira. E se é verdade que por causa da cor clara da pele é a Vênus que atrai toda a luz do quadro, ela não ocupa o centro da tela de Di Cavalcanti. Quem está no centro é uma mulher negra, esplêndida, sentada na areia, tendo no colo Afrodite, uma mão no seu ombro e outra no seu joelho, como que segurando uma criança que dorme. Também séria, protetora, maternal, poderosa. Maternal: há quase que uma alusão à *Pietà*, de Michelangelo. Mas observe-se que, contrariamente à estrutura piramidal do quadro de Michelangelo, um triângulo que aponta para o alto, ascendendo e transcendendo, aqui ressalta um sólido quadrado bem assentado na base, indiciando uma estabilidade muito terrena. Sabemos que na umbanda e no candomblé o quadrado representa a conexão com as forças da natureza material. Mas o intento de vestir a nudez de Afrodite, no caso do pintor brasileiro, é discutível: a figura feminina à esquerda da tela, olhando para Vênus, mas de costas para ela, parece que segura um pano, antes com a intenção de dobrá-lo, do que de vestir a deusa. E quanto à terceira mulher, à direita da tela, é significativo que seja ela que torce os cabelos, imitando o gesto habitual das *Venus Anadyomenes* (como a do quadro de Ticiano, acima), que sempre torcem os cabelos (trança ou mecha pesada), para livrá-los da água do mar. Aliás, há um espelhamento dessa terceira mulher com a figura da *Vênus* de Ticiano. Esse gesto espelhado (veja-se a posição das mãos na cabeleira) atribuiria, de imediato, uma característica de Vênus negra à mulher que segura o "manto".

Com todo esse diálogo cultural, é fato que *Renata Maria*, de Chico, a mulher que sai do mar, tem que ser entendida através do mito, atualizado em textos ou nas artes visuais. Em outras palavras: a emersão dessa mulher que surge das águas se dá num nível arquetípico, ou, mais precisamente, tendo um mito por detrás, um mito poderoso da civilização ocidental. Que o mito *atua,* provam exatamente suas insurgências ao longo dos séculos[12]: ele vem de textos da Antiguidade grega (século VII a.c.), aparece com frequência na iconografia (estatuária, murais, terracota, pintura) ao longo dos séculos, chega ao Renascimento, onde se amalgama a elementos do cristianismo, e é retomado por demais pintores renascentistas e outros posteriores, bem como poetas, até chegar à contemporaneidade. Assim, temos num caldo cultural Afrodite e Maria, *Venus Anadyomene* e o matriarcado de Pindorama (como diria Oswald de Andrade), como se vê na pintura de Di Cavalcanti, toda dominada por mulheres. Tal como a figura feminina domina a canção de Chico.

De fato, são os artistas que propiciam o nascimento de Vênus no imaginário e na cultura: as figurações do feminino. São os artistas que

---

12. Deixo claro que escolhi alguns exemplos, apenas, desse mito recorrente, tanto na literatura quanto na iconografia, sem nenhuma preocupação em rastrear o tema com mais consequência.

constroem a presença do feminino no patrimônio de sensibilidade dos brasileiros. Então, é sob o signo do nascimento de Vênus no imaginário nacional que qualquer abordagem das modulações do feminino na canção de Chico Buarque deverá ser feita.

4
Sinhá

Vejamos uma canção composta por Chico em parceria com João Bosco (melodia), que vai fundo numa questão que é das mais fulcrais na formação social do Brasil – a escravatura – e que desgraçadamente modelou o país. Seu título, *Sinhá*, já nos remete ao Brasil colônia:

Se a dona se banhou
Eu não estava lá
Por Deus Nosso Senhor
Eu não olhei Sinhá
Estava lá na roça
Sou de olhar ninguém
Não tenho mais cobiça
Nem enxergo bem

Pra que me pôr no tronco
Pra que me aleijar
Eu juro a vosmecê
Que nunca vi Sinhá
Por que me faz tão mal
Com olhos tão azuis
Me benzo com o sinal
Da santa cruz

ADELIA BEZERRA DE MENESES

Eu só cheguei no açude
Atrás da sabiá
Olhava o arvoredo
Eu não olhei Sinhá
Se a dona se despiu
Eu já andava além
Estava na moenda
Estava pra Xerém

Por que talhar meu corpo
Eu não olhei Sinhá
Pra que que vosmincê
Meus olhos vai furar
Eu choro em iorubá
Mas oro por Jesus
Pra que que vassuncê
Me tira a luz

E assim vai se encerrar
O conto de um cantor
Com voz do pelourinho
E ares de senhor
Cantor atormentado
Herdeiro sarará
Do nome e do renome
De um feroz senhor de engenho
E das mandingas de um escravo
Que no engenho enfeitiçou Sinhá[1].

A canção se abre com a fala de um escravizado no tronco, torturado pelo seu dono. A tortura não é algo que já se deu, mas a cena é flagrada

---

1. *Sinhá*, letra de Chico Buarque e música de João Bosco, álbum CHICO. Biscoito Fino, 2011.

na iminência de acontecer, ou acontecendo. Através de algumas declarações vacilantes e de algumas perguntas num mesmo tom plangente, uma narrativa vai sendo construída. O eu lírico conta uma história, que começa sob o signo de uma suposição, "se", que imediatamente deflagra uma suspeita:

Se a dona se banhou
Eu não estava lá
Por Deus Nosso Senhor
Eu não olhei Sinhá.

As declarações subsequentes, contrapostas à suspeita ("eu não estava lá"; "eu não olhei Sinhá") não têm comprovação ou o suporte do testemunho de alguém, e nem a mínima precisão. E apesar de, a emoção ajudando, o ouvinte quase se deixar convencer pelas reiteradas tentativas de explicação do negro à beira de ser supliciado, a razão indica que o próprio álibi não é confiável, pois varia: "estava lá na roça"; "estava na moenda"; "estava pra Xerém"[2]; "eu já andava além". Nesse processo cumulativo, a própria indefinição do local invalida o álibi. Assim também as razões de o escravizado ter ido ao lugar onde se banhava a Sinhá são inconsistentes: "Eu só cheguei no açude / atrás da sabiá / Olhava o arvoredo / eu não olhei Sinhá". Vemos aqui que ele admite ter estado no açude, mas há ainda mais motivos que resvalam na denegação do óbvio: "Sou de olhar ninguém"; "Não tenho mais cobiça"; "Nem enxergo bem".

Num segundo momento, o negro questiona, sempre em tom de lamúria, o motivo de estar sendo castigado, e é a sequência de suas perguntas que traça o roteiro da tortura.

---

2. Xerém é uma localidade, mas também remete a uma palavra iorubá, *xerém*, que significa chocalho de metal, em uso nos terreiros, e que anuncia a chegada do orixá Xangô, no candomblé, com sua atmosfera mágico-religiosa, induzindo ao transe e à possessão dos iniciados – remetendo ao feitiço e à mandinga, de que se fala ao final da canção (https://www.osdicionarios.com/c/significado/xerem).

Debret. Senhor de engenho punindo escravo em uma propriedade rural (*Voyage Pittoresque et Historique au Brésil*). Foto: Roberto Conrado.

A estrutura dessa canção é *sui generis*: inicia-se tendo como voz narrativa o negro com seus lamentos plangentes, que apresentam na sua truculência a situação de tortura; mas, na parte final, de repente, inopinadamente, entra uma outra voz narrativa, que não é a voz do eu lírico, mas a voz do *cantor*. E que empresta uma energia nova à dolência dos começos. Trata-se da entrada do autor do texto, que é quem o canta, e que irrompe no meio da canção num movimento performático, como se verá mais adiante. (Que fique claro: entra *o autor* do texto.)

Mas, por enquanto, fiquemos na primeira parte. Voltemos às lamúrias e arrazoados quase infantis do protagonista. Reduzido a objeto da ferocidade ultrajada do senhor traído (não se sabe bem se na honra de marido ou de pai), ao escravizado só resta perguntar "por que" e opor às suspeitas do senhor frágeis álibis que, por seu caráter múltiplo, como já referi, mostram inconsistência. No início, flagra-se a tortura já em ação, ou iminente, por meio das perguntas que a descrevem em detalhes impiedosos: "Pra que me pôr no tronco / Pra que me aleijar"; "Por que me faz tão mal"; "Por que talhar meu corpo"; "Pra que que vosmincê / meus olhos vai furar".

Há uma disparidade entre o horror cru da cena e o modo da sua enunciação pela vítima, que é o narrador. Walter Garcia, num texto de 2013, "Radicalismos à Brasileira", comentando brevemente *Sinhá*, se pergunta: "Mas o embalo da canção não adociaria, aqui também, o relato monstruoso?"[3] Essa ideia de que a melodia "adoça" a letra da canção, que o pesquisador muito pertinentemente aponta em *Pivete, Meu Guri, Brejo da Cruz, Ode aos Ratos*, seria, segundo ele, a generalização de uma observação do próprio Chico, em entrevista à revista *Caros Amigos*, referindo-se a canções da peça *Gota d'Água*. Com efeito, nessas composições, cujo eu lírico é uma Medeia brasileira, que, para se vingar do marido, mata os próprios filhos, diz Chico que elas não são "canções monstruosas", porque a melodia, de certa forma, as "adocica"[4]. No entanto, em *Sinhá*, creio que talvez possa ser aventada para o adoçamento outra explicação – como reportarei mais adiante.

Continuemos o andamento narrativo da canção: depois da pergunta "Pra que que vosmincê / meus olhos vai furar", vem, logo na sequência, a comprovação de que essa ação já se perfez na sua monstruosidade: "Pra que que vassuncê / me tira a luz" – com o verbo não mais no futuro ("vai furar"), e sim no presente ("tira").

Mas o ato de cegar foi preparado dramaticamente nas estrofes anteriores, através dos múltiplos usos do sema de "olhos": olhar (três vezes), enxergar, ver. Inventariados, os versos que abrigam esse significado formam uma lista grande: "Eu não olhei Sinhá"; "Sou de olhar ninguém"; "Nem enxergo bem"; "Nunca vi Sinhá; "Com olhos tão azuis"; "Olhava o arvoredo"; "Eu não olhei Sinhá"; "Eu não olhei Sinhá"; "Para que que vosmincê / meus olhos vai furar;" "Pra que que vassuncê / me tira a luz".

---

3. Walter Garcia, "Radicalismos à Brasileira", *Celeuma*, São Paulo, Edusp, n. 1, vol. 1, maio 2013, p. 30.

4. Cf. Chico Buarque, em entrevista de 1998, "Chico, o Craque de Sempre", concedida a Ana Miranda, Regina Echeverria, Plínio Marcos, José Arbex Jr., Carlos Tranjan, Marco Frenette, Johnny, Walter Firmo e Sérgio de Souza em *Caros Amigos*, ano 2, n. 20, São Paulo, Casa Amarela, dez. 2010, p. 23 (*apud* Garcia, "Radicalismos à Brasileira").

No entanto, a análise também mostra que não apenas os versos "Eu não olhei Sinhá" (com sua variante "Nunca vi Sinhá") repetidos quatro vezes funcionam como um *leitmotiv* na canção, mas que há outras reiterações semelhantes, martelando, como já apontei, a suspeita: "Se a dona se banhou"; "Se a dona se despiu". Aliás, esse é um motivo temático da sedução na literatura amorosa de todos os tempos, da Bíblia (como o relato de Davi e Betsabá) às *Mil e Uma Noites*: o *topos* da mulher que se despe para se banhar e seduz o homem que a vê. Se seduz ativa ou passivamente, é o caso de se verificar.

E, não por acaso, os olhos são agentes da sedução. Para Freud, o olho é um local investido de energia libidinal, produtor de excitação; a psicanálise fala em pulsão escópica. Aqui na canção, tudo parece ter se iniciado com a visão da nudez da Sinhá ("Se a dona se despiu / eu não estava lá"). Como diz Paulo Leminski[5], "ver é violento" – com toda a sugestão de "violação" que o termo "violento" carrega, tanto para quem vê como para quem é visto.

Aqui nesta canção, a falta cometida através do olhar vai ser castigada com a perda dos olhos: é a lei do talião – mas isso será somente um dos castigos: a punição incidirá sobre todo o corpo do supliciado. Reitero: as coisas narradas são de uma crueldade insuportável, mas o canto do escravizado não transmite essa dimensão de horror – não por acaso, usei mais acima o adjetivo "plangente" para seus lamentos. Walter Garcia, comentando essa canção, fala de "andamento desacelerado"[6].

Uma observação lateral, mas que não pode faltar no contexto cultural que desgraçadamente é o nosso, é que a tortura, posteriormente também usada nos regimes ditatoriais, no Estado Novo, no golpe de 1964, continua em vigência nas delegacias brasileiras e nas investidas policiais, sobretudo contra o que se convencionou chamar de "classes vulneráveis" (entenda-se: negros e mestiços).

5. Paulo Leminski, *La Vie en Close*, São Paulo, Brasiliense, 1991.
6. Walter Garcia, "Radicalismos à Brasileira", *op. cit.*

CHICO BUARQUE OU A POESIA RESISTENTE

Logo no início, ao negar que olhou a sinhá se banhando, o protagonista apela ao Deus cristão, conjurando "Por Deus, Nosso Senhor"; e, alguns versos adiante, atestando o mal que lhe é feito pelo feroz senhor de engenho "com olhos tão azuis", confirmará: "Me benzo com o sinal / da santa cruz".

No entanto, esses índices de conversão à religião dos opressores são desmentidos mais para o fim da canção, quando, numa síntese enxuta, diz o escravo: "Eu choro em iorubá / mas oro por Jesus". Sim, o que é espontâneo vem no modo ancestral; o que é dissimulação vem formatado na religião dos senhores. Importa dizer que o iorubá, para além de ser um idioma importante da África subsaariana (de onde foram levas e levas de homens e mulheres trazidos como escravos para o Brasil), tem um lugar central nos ritos religiosos do candomblé, essa vivência cultural-religiosa de matriz africana, espaço de enraizamento e também de resistência para aqueles que foram arrancados de suas terras. Assim, chorar em iorubá significa reconhecer-se participante dessa cultura, cultivar a própria ancestralidade, o que no texto da canção logo é "corrigido" com um "mas": "mas oro por Jesus". (Entre parênteses, e num outro registro, é o caso de pontuar esse achado poético que é "choro/oro" e sua eficácia sonora e expressiva, no seio da canção.) "Eu choro em iorubá / mas oro por Jesus" – não é meramente fruto de sincretismo religioso, mas deve mais propriamente ser encarado como estratégia de sobrevivência. Trata-se daquilo que Hector Bruit, no seu livro sobre a conquista hispânica da América, chama de "a simulação dos vencidos": o modo de agir, em outro código, de populações submetidas (no caso que ele estuda, indígenas latino-americanos) que acabam se impondo ao opressor (os espanhóis) e deixando sua marca e sua presença na construção de uma civilização. Com efeito, Hector Bruit, criticando as visões de estudiosos que só enxergavam na atitude dos submetidos uma entrega voluntária, vivendo uma história feita por outros, baseada numa equivocada "ideia da renúncia de qualquer responsabilidade como agentes ativos do processo social", aparentemente aceitando que lhes fosse negada "a condição de sujeitos capazes de agir e de dizer", aponta uma "resistência sub-reptícia". Diz ele:

> [...] por trás da aparente passividade e servilismo dos indígenas, escondia-se uma outra atitude, outro processo que ocultava sujeitos que agiam e diziam por outras vias, por caminhos que não eram os comuns. Este processo oculto era a história invisível de que nos fala Octavio Paz, uma história que vestiu os símbolos dos conquistadores para ocultar-se e poder agir, criando e forçando um processo social surpreendente e cheio de armadilhas.
> [...]
> Mesmo conquistados e colonizados, os índios não perderam sua condição de agentes sociais ativos, sujeitos capazes de fazer também sua história[7].

Assim, praticando uma "resistência camuflada", essas populações sobreviveram física e culturalmente. É essa a "simulação dos vencidos": "Os índios mentiam ao conquistador, para defenderem-se, para confundi-los; simulavam obediência, ingenuidade e passividade"[8].

O paralelismo entre, de um lado, a relação dos espanhóis x indígenas, e, de outro, portugueses/brancos x negros escravizados, só pode ser aproximativo.

Foram arrastados à escravidão, só no Brasil (que é o campeão, dolorosamente, nesse quesito), quase cinco milhões de africanos. Eles foram arrancados de suas terras, à força, desenraizados brutalmente e submetidos num projeto de dominação e instrumentalização pelos ditos brancos, descendentes de portugueses, que lhes anulavam qualquer resquício de dignidade. Por um lado, não faltaram rebeliões, fugas, criação de quilombos, assassinatos de senhores de escravos;

---

7. Hector Bruit, *Bartolomé de las Casas e a Simulação dos Vencidos*, Campinas/São Paulo, Editora da Unicamp/Iluminuras, 1995, pp. 151-153.

8. Hector Bruit transcreve um texto de las Casas em que a questão do mentir é exemplificada com a fala de um índio, que, quando indagado sobre se era cristão, respondeu: "Sim, senhor, eu já sou um pouquinho cristão, porque eu sei um pouquinho mentir; amanhã eu saberei muito mentir e serei muito cristão" (p. 167).

por outro lado, houve uma imensa submissão. Mas acabaram deixando sua marca, vital, na formação da nação: os negros escravizados serão os responsáveis (junto com os povos indígenas do Brasil) pela poderosa miscigenação brasileira. Assim, essa fala mansa do escravizado em *Sinhá*, mesmo na situação limite da morte, tem a face da resistência.

De fato, o protagonista desta canção seguramente terá sucumbido à tortura: com o corpo talhado, os olhos furados, aleijado – e, dado o contexto sexualizado e a fúria de traído do senhor de engenho, pode-se imaginar qual "aleijão" lhe terá sido infligido – nenhuma chance teria tido de sobreviver. Mas sua herança perdurará, seu estoque genético foi preservado e frutificará na Casa-Grande. Vencido como indivíduo, foi vencedor como espécie. É isso que a canção vai comprovar, no final. O negro escravizado sobreviveu no seu descendente sarará.

Creio que é por isso que no documentário *Dia Voa*, em que se revelam os bastidores das gravações do disco CHICO, de 2011, como aponta Walter Garcia, Chico Buarque ri ao comentar o enredo da canção *Sinhá*. E essa é uma observação importante. É assim que o pesquisador transcreve esse trecho do documentário, em que Chico fala especificamente de *Sinhá*: "É o escravo contando, cantando a história dele (*risos*), e tomando porrada, e contando, e contando e contando"[9].

Realmente, o riso seria injustificável sem o final performático da canção. Por isso, acho que seria o caso de convocar aqui também uma fala subsequente de Chico, ao final do documentário:

No fim, quando termina toda a história, aí entram todos os instrumentos, aí tudo que estava gravado entra junto, todos os tamborins, que o Marçalzinho tinha gravado antes, tudo – que era um pouco a festa que não se justificava tanto no começo – no fim vira a grande festa do nosso escravo[10].

9. Chico Buarque, *apud* Walter Garcia, "Radicalismos à Brasileira".
10. "Dia Voa", curta-metragem dirigido por Bruno Natal. Disponível no YouTube. A indicação deste documentário, preciosa, foi dada por Walter Garcia.

Sublinho "*a grande festa* do nosso escravo": paradoxo de uma morte e de uma afirmação vital. Daí essa energia nova que ressurge ao final, impondo uma nova dicção. Efetivamente, ao final da canção, há um ponto de inflexão, uma quebra na estrutura. Irrompe inesperadamente um outro eu lírico, ou, mais precisamente, uma outra voz narrativa, que conta:

E assim vai se encerrar
O conto de um cantor
Com voz do pelourinho
E ares de senhor
Cantor atormentado
Herdeiro sarará
Do nome e do renome
De um feroz senhor de engenho
E das mandingas de um escravo
Que no engenho enfeitiçou Sinhá.

É tal a força narrativa do texto, que a canção será chamada pelo autor de "conto" – especificamente, "o conto de um cantor". A história não se encerrou com a morte do escravo assassinado. Irrompe um cantor, *cantor atormentado*, que conta como prossegue a saga do negro castigado por ter tido uma história com a Sinhá. Mais do que apenas o eu lírico, emerge o "cantor". Reitero: um cantor que conta esse conto e que se identifica e se descreve ("Com voz do pelourinho / e ares de senhor"). Miscigenado, ele é, ao mesmo tempo, descendente do escravo e descendente da Sinhá, herdeiro do nome e do renome do senhor do engenho e herdeiro do escravo que no engenho enfeitiçou Sinhá.

Muito significativamente, esse assunto frequentou o discurso de Chico Buarque ao receber o Prêmio Camões de Literatura, em Portugal:

Tenho antepassados negros e indígenas, cujos nomes meus antepassados brancos trataram de suprimir da história familiar. Como a imensa maioria do

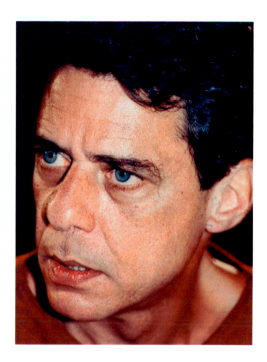

Foto: Schittini/Acervo Instituto Tom Jobim.

povo brasileiro, trago nas veias sangue do açoitado e do açoitador, o que ajuda a nos explicar um pouco[11].

E ajuda a explicar o "cantor *atormentado*".

* * *

No entanto, impõe-se um recuo teórico sobre esse inesperado final da canção: neste momento, torna-se imprescindível que, ao longo desta análise/interpretação, se trate de *performance*. *Sinhá* é o tipo de produção que demandaria chegar ao público não exclusivamente através

---

11. Discurso por ocasião da outorga do Prêmio Camões 2019, no dia 24 de abril de 2023, Palácio Nacional de Queluz.

de recursos de áudio: importaria *ver*. Mais do que por CDs ou discos, seria importante a divulgação dessa canção por vídeo: quando entra o segundo narrador, ou melhor, o outro eu lírico, entra o cantor, não apenas sua voz. E esse cantor aqui é ator e é o próprio autor, pessoa física e jurídica. Essa canção cantada por outro intérprete não provoca o mesmo impacto.

De fato, esse "cantor atormentado" é o próprio Chico Buarque de Hollanda, cujos olhos azuis (ou verdes) – que replicariam os do feroz senhor de engenho ("Por que me faz tão mal / com olhos tão azuis" perguntava o escravo ao ser torturado, no meio da canção) – tornaram-se proverbiais na MPB; e que com sua "voz do pelourinho" se tornou, sem querer fazer jogo de palavras, porta-voz de excluídos. Com uma voz das mais emblemáticas da MPB.

E, aqui, cabe um recuo teórico, sobre a categoria da *performance*, antes de continuar comentando essa irrupção que obriga, pouco canonicamente no âmbito da crítica literária, que se leve em conta o autor na sua individualidade e na sua corporeidade. Sabemos, com Paul Zumthor, o grande estudioso da oralidade, no seu livro *Performance, Recepção, Leitura*, que voz, corpo e presença desempenham um forte papel na *performance*[12], marcada pelos elementos não verbais. Ele mostra o lugar privilegiado do corpo nesse processo, em que a teatralidade é um ingrediente fundamental.

Na segunda parte da canção *Sinhá*, o texto não tem mais como personagens o triângulo formado pelo negro, pelo dono do engenho e pela Sinhá: tem como único protagonista em cena o cantor/ator-mentado, caracterizado nas suas linhas essenciais. Aí, e somente aí, é finalizada a história titubeante dos inícios da canção, da qual o cantor se revela fruto. O escravo inescapavelmente terá sucumbido à tortura, mas essa morte não significou que foi vencido: ele deixou descendência no ventre da Sinhá. E é por isso que, aqui, o horror é "adoçado", e que a canção

---

12. Paul Zumthor, *Performance, Recepção, Leitura*, trad. Jerusa Pires Ferreira e Suely Fenerich, São Paulo, Educ, 2000, pp. 18 ss.

não termina de uma maneira lamentosa, mas quase festiva. Como diz Chico Buarque no documentário sobre a canção, ao fim há a "festa do nosso escravo"[13].

De fato, de um lado ele é o "herdeiro sarará"[14] do senhor, de quem herdou o nome e o renome, de outro, é o descendente do negro, de quem herdou a voz e as mandingas da sedução.

Como diz Zumthor, em toda *performance* há uma dimensão de "reconhecimento": "A *performance* realiza, concretiza, faz passar algo que eu reconheço, da virtualidade à atualidade"[15]. O público que assiste reconhece no cantor/ator/autor atormentado o descendente do escravo que morreu, e que terá contribuído para a grande miscigenação do país. E que se assume como brasileiro mestiço, como somos todos nós, herdeiros híbridos desse casal protagonista, descendentes do escravo e da Sinhá[16]. Assim, quando nessa segunda parte entra o cantor/ator, com a sua plena presença, com os mesmos olhos aludidos na canção ("Por que me faz tão mal / com olhos tão azuis" perguntava o escravo ao senhor do engenho, relembremos), há algo de uma *performance* no sentido estrito: o cantor *ator*mentado é aqui Chico Buarque ele mesmo, pessoa física e jurídica. Mas é verdade que – como sempre, em Arte – ele também nos representa, a todos. Atormentados, pois carregando o sangue do açoitador e do açoitado, representantes, ao mesmo tempo, da Casa-Grande e da Senzala.

* * *

Finalmente, um último assunto nesta análise interpretativa/comentário da canção *Sinhá*. E aqui se impõe que se convoque algo que já se tornou um *topos* da crítica literária frente às produções de Chico Buar-

---

13. Cf. *Dia Voa,* curta-metragem dirigido por Bruno Natal. Disponível no YouTube.
14. *Sarará*: mulato alourado ou arruivado e de cabelo crespo. Fruto de miscigenação. Sara´rá vem do tupi *sara´ra*, inseto noturno arruivado.
15. Paul Zumthor, *Performance, Recepção, Leitura*, p. 31.
16. E mais comumente, como se constata, descendente do senhor branco e da escrava.

que, encarando-o como o autor que dá voz a quem não tem voz[17]. De fato, desde os inícios de sua produção, em meados dos anos sessenta do século passado, a galeria de suas personagens é composta privilegiadamente por mulheres, malandros, pedreiros, pivetes, prostitutas, apaixonados, sambistas, favelados, negros, quem não tem nada a perder.

Essa tônica nos despossuídos[18], em detrimento de figuras das classes dominantes, constituiria um alinhamento ao que Antonio Candido[19] formulou como "pensamento radical", que se caracteriza por uma oposição ao pensamento conservador, e que foca no povo como agente transformador. (Num parênteses, "radical" não se refere a extremismos, *radi*cal tem a ver com "raiz".) Essa postura tem como característica uma ruptura da tradição elitista do nosso pensamento social, em que pensadores como Oliveira Viana, Alberto Torres etc. "valorizavam o papel das elites e a excelência da grande propriedade como fator de civilização e como unidade mais significativa da sociedade"[20]. O caldo de cultura era de uma "supervalorização da herança colonial em sentido senhorial e ufanista", favorecendo as concepções conservadoras e autoritárias de governo, com a elite devendo exercer um "dever de tutela" sobre o povo ignorante. E, segundo Antonio Candido, foi Sérgio Buarque (não por acaso o pai do Chico) que, em *Raízes do Brasil* (que é de 1936), fazendo uma análise da nossa formação histórica, mostra que avanço político significaria "atendimento às reivindicações populares, por meio de um regime onde o próprio povo tomasse as rédeas"[21]. Nesse país em que as posições oligárquicas são tão perenes, o radical privilegia o *dominado* e não as *elites*. Na obra de compositor do Chico, é essa "população" que

---

17. Cf. Adelia Bezerra de Meneses, *Desenho Mágico – Poesia e Política em Chico Buarque*, 3. ed., Cotia-SP, Ateliê Editorial, 2002.
18. Cf. *Cordão*, de Chico Buarque, de 1971: "Pois quem tiver nada pra perder / Vai formar comigo um imenso cordão / E então quero ver o vendaval / Quero ver o Carnaval sair".
19. Antonio Candido, "Radicalismos", *Vários Escritos*, 3. ed. rev. e ampl., São Paulo, Duas Cidades, 1995.
20. *Idem*, p. 288.
21. *Idem*, p. 290.

será protagonista da grande canção visionária que é *O que Será*, uma charada épica, libertária, um canto erótico e político. Aí se encontra um culminante traço de radicalidade, em que os "condenados da terra" se transformarão em protagonistas da história – pois, junto aos amantes/poetas/profetas, é na "romaria dos mutilados" (tanto física quanto socialmente) que a grande utopia se realizará[22].

Tentando sintetizar o que é essa categoria sociológica, o "radicalismo", para compreender o Brasil, eu, numa entrevista de 2003 à revista *Cult* ("Dossiê Chico Buarque"), plagiando termos de Gilberto Freyre, formulei que se tratava da postura de "mirar antes a senzala do que a Casa-Grande"[23]. E aqui isso deve ser tomado na sua literalidade: na canção *Sinhá*, como se viu, é o escravo da senzala o protagonista, é ele quem atrai toda a nossa simpatia e cumplicidade, enquanto o senhor da Casa-Grande, "de olhos tão azuis", nos leva ao asco. E é o negro do pelourinho, paradoxalmente, "que não faz papel de inocente"[24], como diz Walter Garcia, o grande vencedor.

Uma última observação diz respeito à escravatura como mola da formação econômica e social do Brasil: nela estão, por exemplo, as raízes não apenas da iníqua desigualdade social que nos estigmatiza, mas outras heranças funestas. Esse modelo colonial deixou marcas, que é necessário reconhecer para extirpar. É ele que, por exemplo, subjaz à aceitação da tortura por parte significativa da população, rondando as delegacias e as práticas policialescas (exercidas privilegiadamente contra negros e pardos); e é ele que está à raiz do trabalho escravo que vez

---

22. Uma análise expandida dessa incontornável obra-prima do cancioneiro de Chico Buarque que é *O que Será?* encontra-se em Adelia Bezerra de Meneses, *Desenho Mágico – Poesia e Política em Chico Buarque*, 3. ed., Cotia-SP, Ateliê Editorial, 2002.

23. Adelia Bezerra de Meneses, "Lirismo e Resistência", entrevista a Manuel da Costa Pinto para a revista *Cult*, ano VI, n. 69, São Paulo, Editora 17, 2003, p. 59. Ver essa entrevista neste livro, na introdução, p. 30.

24. A citação completa, que, além do mais, endossa o "radicalismo" de Chico Buarque, é: "Mas o escravo negro não faz papel de inocente, o que dificulta o maniqueísmo e alimenta de tormento a consciência – radical – desse cantor sarará de classe média" (Walter Garcia, "Radicalismos à Brasileira").

ou outra aparece na imprensa, não apenas em casos isolados de domésticas-eternas, mas de grupos inteiros mantidos em "regime análogo ao da escravidão", por exemplo em fazendas de grandes empresas, nesses rincões do Brasil. Ou em pleno bairro central de São Paulo, como é o caso de bolivianos na indústria têxtil do Bom Retiro.

O jornalista Leonardo Sakamoto, que organizou um livro sobre o trabalho escravo, declara: "Trabalho escravo não é um desvio, mas uma ferramenta do sistema"[25].

Os avanços civilizatórios ainda têm muito caminho a fazer no Brasil, até que consigamos nos libertar do binômio casa-grande/senzala dos tempos da Sinhá.

---

25. Leonardo Sakamoto, *Escravidão Contemporânea*, São Paulo, Editora Contexto, 2020.

5
As Caravanas

RACISMO E "NOVO RACISMO"

A canção *As Caravanas*, de Chico Buarque, do CD de mesmo nome, lançado em 2017, vale por um tratado sobre a questão da escravatura, da exclusão social, do racismo e do "novo racismo". Vou analisar a letra da canção como um poema, advertindo aos leitores que essa abordagem será sempre faltante, uma vez que letra e música formam um todo e que a melodia também é produtora de significado. Em todo o caso, sempre se pode fazer um apelo à memória musical do leitor. Eis o texto:

1 É um dia de real grandeza, tudo azul
  Um mar turquesa à la Istambul enchendo os olhos
  E um sol de torrar os miolos
  Quando pinta em Copacabana
  A caravana do Arará – do Caxangá, da Chatuba

2 A caravana do Irajá, o comboio da Penha
  Não há barreira que retenha esses estranhos
  Suburbanos tipo muçulmanos do Jacarezinho
  A caminho do Jardim de Alá –
  É o bicho, é o buchicho, é a charanga

3 Diz que malocam seus facões e adagas
  Em sungas estufadas e calções disformes

É, diz que eles têm picas enormes
E seus sacos são granadas
Lá das quebradas da Maré

4   Com negros torsos nus deixam em polvorosa
A gente ordeira e virtuosa que apela
Pra polícia despachar de volta
O populacho pra favela
Ou pra Benguela, ou pra Guiné

5   Sol, a culpa deve ser do sol
Que bate na moleira, o sol
Que estoura as veias, o suor
Que embaça os olhos e a razão
E essa zoeira dentro da prisão
Crioulos empilhados no porão
De caravelas no alto-mar

6   Tem que bater, tem que matar, engrossa a gritaria
Filha do medo, a raiva é mãe da covardia
Ou doido sou eu que escuto vozes
Não há gente tão insana
Nem caravana do Arará
Não há, não há

7   Sol, a culpa deve ser do sol
Que bate na moleira, o sol
Que estoura as veias, o suor
Que embaça os olhos e a razão
E essa zoeira dentro da prisão
Crioulos empilhados no porão
De caravelas no alto-mar

8   Ah, tem que bater, tem que matar, engrossa a gritaria
Filha do medo, a raiva é mãe da covardia
Ou doido sou eu que escuto vozes
Não há gente tão insana
Nem caravana
Nem caravana
Nem caravana do Arará[1].

Sabemos que a literatura exerce o poder adâmico, o poder de nomear. Efetivamente, no *Gênesis* bíblico, Iahweh, depois de criar os animais, os conduziu a Adão para ver como ele os chamaria. Em *O Ser e o Tempo da Poesia*, Alfredo Bosi diz:

O poder de nomear significava para os antigos hebreus dar às coisas a sua verdadeira natureza, ou reconhecê-la. Esse poder é o fundamento da linguagem, e, por extensão, o fundamento da poesia[2].

E, de fato, o poeta dá nome não mais a seres do Jardim do Éden, mas a emoções, sentimentos, situações existenciais, experiências fundadoras. Pois bem, o que se nomeia em *As Caravanas* é uma realidade não do indivíduo, mas da sociedade, do corpo social. Aqui, Chico Buarque atinge o nível épico, e com um extraordinário poder de condensação, confirmando o que dizia Pound[3]: "Poesia é condensação" (*Dichtung ist Verdichtung* – em alemão, um jogo de palavras).

Logo nos quatro primeiros versos, com a referência a mar e sol e Copacabana, já nos situamos de chofre no Rio de Janeiro. Aliás, a "Real Grandeza", do primeiro verso, é uma rua carioca, nas imediações das praias da Zona Sul. E é também uma expressão nobiliárquica, usada para se dirigir à nobreza. Num primeiro nível, a canção vai tratar de "estranhos/suburbanos tipo muçulmanos" que descem dos morros, em

1.   Chico Buarque, *As Caravanas*, álbum CARAVANAS, 2017.
2.   Alfredo Bosi, *O Ser e o Tempo na Poesia*, São Paulo, Cultrix/Edusp, 1977, p. 141.
3.   Ezra Pound, *ABC da Literatura*, 11. ed., São Paulo, Cultrix, 2006.

grupos, para a Zona Sul, para as bandas do Jardim de Alah, um parque situado entre os bairros de Ipanema e Leblon. Isso vai gerar os "arrastões", furtos coletivos nas praias nobres, aterrorizando os frequentadores habituais, que passarão a defender seu patrimônio através do braço armado da polícia, ou de seus seguranças: "Tem que bater, tem que matar, engrossa a gritaria", dizem os versos das estrofes 6 e 8. Mas essa canção não é uma crônica carioca, ela vai fundo no *ethos* do país. Isso numa primeira visada, porque, como se verá mais adiante, vai-se sobrepor uma outra questão, que ultrapassa o problema brasileiro.

Aqui, no Brasil, o estranho não é de fora, mas de dentro – podendo ser o indígena ou o nordestino pobre nos grandes centros; mas, em *As Caravanas* o foco da exclusão é fundamentalmente o afrodescendente. Há uma referência no verso 16 a "negros torsos nus", que "deixam em polvorosa / a gente ordeira e virtuosa" – inicialmente seria interessante pensar em quais sentidos a gente virtuosa se deixaria ficar em polvorosa diante da nudez dos negros torsos. Mas o mais importante é a sequência da frase. Retomo os versos 16 a 20:

> Com negros torsos nus deixam em polvorosa
> A gente ordeira e virtuosa que apela
> Pra polícia despachar de volta
> O populacho pra favela
> Ou pra Benguela, ou pra Guiné.

Chegamos assim no verso 20, inapelavelmente, à fonte, ao núcleo histórico da exclusão social neste país marcado pelo Escravismo no cerne de sua formação. Com Benguela e Guiné, remontamos ao ponto inicial da nossa História. E que os versos do refrão (estrofes 5 e 7) só fazem pontuar:

> E essa zoeira dentro da prisão
> Crioulos empilhados no porão
> De caravelas no alto-mar.

CHICO BUARQUE OU A POESIA RESISTENTE

Recuamos ao tempo do tráfico de escravos, ao Navio Negreiro. E se estabelece uma articulação entre as *caravanas* e as *caravelas*.

Agora podemos tratar do título. "Caravana" vem da palavra árabe *qairauân* = grupo de mercadores ou viajantes que se reúnem para atravessar o deserto. Eram comuns as caravanas com camelos, mas os textos antigos registram também caravana de escravos.

Os escravos eram em geral aprisionados em pilhagens e guerras locais, e vendidos a traficantes que os juntavam para serem levados ao litoral e, daí, cruzarem o Atlântico. Mas até se chegar à costa, atravessava-se o deserto com esses homens e mulheres presos com correntes nos pés e ligados uns aos outros com cangas no pescoço. Um grande número morria no caminho, de doenças, fome ou exaustão, antes de chegar ao litoral. E outro tanto morreria no Navio Negreiro, chamado também navio tumbeiro. Não por acaso, a letra da canção faz um jogo de significantes, CARAVana/CARAVela (um desses achados em que o Autor é mestre), em que cada um dos termos contamina o outro. Uma observação que, por sinal, pontuaria a importância de atentar ao nível melódico da canção foi fornecida pelo próprio Chico Buarque, que declarou (através do seu *site* oficial) que *Caravan*, de Duke Ellington, estaria aludida na sua melodia.

É o caso de voltarmos aos arrastões que acima referi, essa espécie de caravana invertida, integrada por um "populacho" que quer ir para o Jardim de Alah (com todas as conotações paradisíacas que isso possa ensejar), mas que devia era ser mandado de volta para a favela. Um pouco de contextualização histórica pontual se fará necessária. Os arrastões nas praias cariocas se iniciaram em 1992, interferindo até na eleição para a Prefeitura do Rio de Janeiro, possibilitando a vitória de César Maia contra Benedita da Silva, candidatos polares nas propostas de manejo do caso[4]. A situação só se agravou com o tempo: por volta de 2015, a polícia carioca passou a intervir, retirando os moradores de

---

4. Dalmir Francisco, "Arrastão Mediático e Racismo no Rio de Janeiro, XXVI *Congresso Brasileiro de Ciências da Comunicação*, Belo Horizonte, set. 2003. A indicação desse texto me foi

Caravana de Escravos na África, gravura do século XIX (Wilhelm Redenbacher, *Lesebuch der Weltgeschichte oder Die Geschichte der Menschheit*, 1890).

favela de dentro dos ônibus que vinham da Zona Norte em direção às praias, mesmo que não tivessem cometido nenhum delito[5]. Em apenas um único dia, foram totalizadas 150 apreensões de menores, e, num único ônibus, dos quinze rapazes "apreendidos" (valha o eufemismo!), catorze eram negros. Por fim, as próprias empresas de ônibus alteraram o trajeto dessas linhas, colocando seu ponto final em bairros afastados das praias nobres. De fato, impedia-se o acesso de uma categoria de moradores à sua cidade. Era um tipo de *apartheid* à brasileira: não, os suburbanos não teriam um "dia de real grandeza".

Algo que salta aos olhos em *As Caravanas* é a presença muçulmana. Senão, vejamos: mar "turquesa à la Istambul" (com dupla alusão à

---

dada por Teófilo Cavalcanti, a quem agradeço pela leitura crítica desta minha análise de *As Caravanas*.
5. Carla Torquato e Ricardo do Santos Castilho, "Um Retrato da Exclusão Social da Praia na Música *As Caravanas*, de Chico Buarque", *Jus.com.br*, fev. 2021.

CHICO BUARQUE OU A POESIA RESISTENTE

Turquia, cruzando a expressão "azul turquesa" com o nome da capital, Istambul); suburbanos "tipo muçulmanos"; "Jardim de Alah"; favela do Arará (que aparece três vezes na canção). Sabemos que o monte Ararat é, na Bíblia, o maciço onde encalhou a Arca de Noé após o Dilúvio, e que é localizado na Armênia.

Mas, além dessa presença ostensiva, há outros elementos que remetem ao mundo islâmico e que estão quase que criptografados, como é o caso da favela da Chatuba, uma vez que o nome do município onde se situa a favela da Chatuba é "Mesquita", templo islâmico. Há até uma escola de samba, Chatuba de Mesquita. Além disso, se diz que esses suburbanos tipo muçulmanos, cujos sacos são granadas, "malocam seus facões e adagas / em sungas estufadas e calções disformes". A alusão a granadas escondidas nos sacos nos faz inevitavelmente pensar nas guerras santas, nas *jihads*, no terrorismo fundamentalista, nos homens--bomba. Por outro lado, a referência à sexualidade exacerbada ("É, diz que eles têm picas enormes") ligada à violência, também responde ao estereótipo preconceituoso do muçulmano, bem como ao do africano. E, finalmente, ainda como índice do mundo árabe, há o refrão (estrofes 5 e 7) –

> Sol, a culpa deve ser do sol
> Que bate na moleira, o sol
> Que estoura as veias, o suor
> Que embaça os olhos e a razão

– que alude ao romance *O Estrangeiro*, de Camus[6], em que é narrado o assassinato de um muçulmano, numa praia, na Argélia. O protagonista, que se chama Mersault, é preso e, durante o seu julgamento, quando o juiz lhe pergunta o motivo do crime, afirma que agiu assim por conta do sol. Mas antes vem o relato:

6. A identificação da presença do romance *O Estrangeiro* na letra de *As Caravanas* foi feita pela própria assessoria de Chico Buarque, em seu *site*, por ocasião do lançamento do CD.

[…] atrás de mim, comprimia-se uma imensa praia vibrante de sol. Dei alguns passos para a nascente. O árabe não se moveu. Apesar disso, estava ainda bastante longe.

[…] A ardência do sol queimava-me as faces e senti o suor amontoar-se-me nas sobrancelhas. […] … doía-me a testa, sobretudo a testa e todas as suas veias batiam ao mesmo tempo debaixo da pele. […] No mesmo momento, o suor amontoado nas sobrancelhas correu-me de súbito pelas pálpebras abaixo e cobriu-as com um véu morno e espesso. Os meus olhos ficaram cegos, por detrás dessa cortina de lágrimas e de sal. […] Foi então que tudo vacilou. […] Sacudi o suor e o sol[7].

Relativamente aos versos "Sol, a culpa deve ser do sol / que bate na moleira, o sol", Chico Buarque, em comunicação pessoal, revelou mais uma alusão, um jogo musical de difícil apreensão mesmo para quem conhece música: a passagem da primeira para a segunda parte da canção se dá com a palavra "*sol*", que "cai" na nota *sol*.

Significativo, também, é o trecho do romance em que se narra *como* foi cometido o crime: na praia deserta, Mersault dispara o revólver, o árabe jaz abatido na areia já com o primeiro tiro, e, diz o protagonista: "Voltei então a disparar mais quatro vezes contra o corpo inerte, onde as balas se enterravam sem se dar por isso"[8][9]. (Seria importante, num parênteses, relativamente a essa inserção de Camus, falar um pouco da figura de estilo que é a *alusão*: segundo o *Dicionário Caldas Aulete*, uma "referência que

---

7. Albert Camus, *O Estrangeiro*, Lisboa, Edições Livros do Brasil-Lisboa, 1942, pp. 130-131.

8. *Idem, ibidem.*

9. Mersault disparou quatro vezes contra o corpo inerte, não mais de oitenta vezes, como aconteceu no caso de Evaldo Rosa dos Santos, o músico negro que, considerado suspeito de um assalto, ao passar pela Estrada do Camboatá, Rio de Janeiro, dirigindo-se com a família a um chá de bebê, foi alvejado por doze soldados do exército, no dia 7 de abril de 2019 (portanto, após a produção de *As Caravanas*). Perícia posterior, da Polícia Militar Judiciária, fez subir o número de projéteis a inacreditáveis 257 tiros de fuzil, dos quais 62 perfuraram o automóvel. [https://www1.folha.uol.com.br/cotidiano/2019/04/08/militares-do-exercito-matam-musico-em-abordagem-na-zona-oeste-do-rio.shtml]. Ver também https://brasil.elpais.com/brasil/2019/05/11/politica/1557530968_201479.html]

se faz a alguma pessoa ou coisa sem a mencionar expressamente"; "um dito crítico que só alguns leitores ou ouvintes percebem"[10]. De fato, essa menção indireta tem algo de uma brincadeira: embutido na raiz etimológica de "alusão" [*ad-ludere*], está o verbo latino *ludo* [*ludere* = brincar].)

E, com essa alusão a *O Estrangeiro* (o título é significativo) no centro da canção, verifica-se um ponto de inflexão no texto. A partir daqui, o tom vai mudar totalmente. Mas antes de examinarmos a inflexão, teremos que pensar no porquê da reiterada presença muçulmana nesse texto. Vamos lá.

Sabemos que a escravidão existe na humanidade desde sempre e que ela está presente em culturas tão díspares quanto a babilônica, ou a romana, ou a dos povos pré-colombianos, ou dos egípcios etc. Mas, não por acaso, um dos capítulos de *Escravidão*, volume I, de Laurentino Gomes, se intitula: "Sob o Nome de Alá". E assim ele se inicia:

> Praticadas por todas as civilizações desde os primórdios da História humana, o uso de mão de obra cativa ganhou fôlego renovado a partir do século VII, com a expansão do Islã. Iniciou-se ali um choque de culturas e religiões – que ainda hoje se observa em várias regiões do planeta – cujo resultado seria a escravização de milhões e milhões de pessoas ao longo do milênio seguinte[11].

A isso se segue uma afirmação contundente: "A escravidão foi a base da expansão do Islã". De fato, os islamitas capturavam e eram capturados, sempre houve escravizados de ambos os lados. Para cá também vieram negros islâmicos: aliás, como diz Lídice Meyer Pinto Ribeiro[12], "o islamismo foi trazido ao Brasil no final do século XVII, pelos escravos

---

10. Caldas Aulete, *Dicionário Contemporâneo da Língua Portuguesa*, edição brasileira, Rio de Janeiro, Editora Delta, 1958, vol. I.

11. Laurentino Gomes, *Escravidão*, vol. 1: *Do Primeiro Leilão de Cativos em Portugal Até a Morte de Zumbi dos Palmares*, Rio de Janeiro, Globo Livros, 2019, p. 77.

12. Lídice Meyer Pinto Ribeiro, "Negros Islâmicos no Brasil Escravocrata", *Revista USP*, n. 91, pp. 139-152, set.-nov. 2011.

oriundos das regiões islamizadas da África". Eles foram levados sobretudo para a Bahia e ficaram conhecidos como os "malês" – de cultura em geral muito superior à dos colonos brancos. Segundo Roger Bastide[13], eles influenciaram o candomblé baiano – deles vem, por exemplo, o uso das túnicas, turbantes e roupas brancas, substituindo o colorido das vestes africanas. Em 1836, com a Revolta dos Malês, na Bahia, muitos dos negros, devolvidos a seus donos, foram vendidos para o Rio de Janeiro. João do Rio[14] atesta, em 1904, no Rio de Janeiro, um Islã misturado ao Candomblé, efetivando-se uma fusão com crenças animistas e fetichistas dos demais escravizados. Mas isso ainda não justifica a presença muçulmana nessa canção que fala de racismo.

É que, como já havia referido, se sobreporá aqui um outro problema. No mundo inteiro, agudizada pela questão das migrações, dos êxodos por fome ou perseguição política, assiste-se a uma maré crescente de xenofobia, soprada pelos ventos da direita. Instaura-se a "crise dos refugiados". E esse Outro temido e demonizado, que facilmente terá sua imagem sobreposta à de um terrorista, pondo em polvorosa a "gente ordeira e virtuosa", esse Outro, em termos mundiais, é privilegiadamente o muçulmano, mesmo que ele esteja fugindo do extremismo. De fato, a islamofobia é um dado significativo da época contemporânea, despertando velhos preconceitos, reativando velhas figurações desse Oriente feroz, em seus confrontos com o Ocidente[15]. Há mais de vinte anos, no dia 11 de setembro de 2001, aconteceram os atentados às Torres Gêmeas de Nova York, que colocaram o Islã em evidência, reforçando o estereótipo do muçulmano como inimigo do mundo ocidental. A Europa tem sofrido múltiplos ataques terroristas e agora, com o avanço do Taleban no Afeganistão, a tomada de Cabul e o Estado Islâmico, isso só tende a se agravar.

13. Roger Bastide, *As Religiões Africanas no Brasil*, São Paulo, Pioneira/Edusp, 1971, vols. 1 e 2.
14. João do Rio, *As Religiões do Rio*, Rio de Janeiro, José Olympio, 2006.
15. Edward Saïd, *Orientalismo: O Oriente como Invenção do Ocidente*, São Paulo, Companhia das Letras, 2018.

Desde as últimas décadas, ao abrirmos o jornal, nos acostumamos a ver barcos clandestinos apinhados de muçulmanos, barcos que naufragam antes de conseguirem aportar em terras europeias, tornando-se, literalmente, barcos tumbeiros. Num recorte do jornal *Folha de S. Paulo* ("Europa captura 5 800 imigrantes em dois dias"), de 4 de maio de 2015, sobre os imigrantes do Mediterrâneo, lê-se: "Travessia precária é procurada por número crescente de africanos e árabes que fogem de conflitos e da pobreza". A foto é de uma frágil embarcação, quase uma canoa, atulhada de migrantes: uma possível versão do binômio caravanas/caravelas. De fato, como dizem os versos 7 e 8 da canção, "Não há barreira que contenha esses estranhos / suburbanos tipo muçulmanos". Um outro trecho do mesmo jornal, de 22 de abril de 2015, estampa o mesmo drama: "Nigeriano sobreviveu a desastre em navio que faz a rota entre África e Europa e perdeu seus dois filhos".

Efetivamente, cresce o que os historiadores chamam de "o novo racismo"[16]. Xenofobia vem do grego *xenos* = estrangeiro, e *fobia* = medo. E como diz a letra de *As Caravanas*, em enxuta síntese, "Filha do medo, a raiva é mãe da covardia". De fato, o medo engendra a raiva, que gera a covardia.

Dito isso, vamos retornar ao Brasil. Há que se estudar a escravidão para se entender este país e, quem sabe, mudar alguma coisa: ela plasmou o povo que somos. O Brasil é o maior território escravista do Ocidente. Sozinho, recebeu 40% dos milhões de africanos embarcados à força para o continente americano – o que significa que para cá vieram quase cinco milhões de africanos. O auge desse desenraizamento humano, segundo Laurentino Gomes[17], ocorreu do início do século XVIII até meados do XIX. Mas o que é fundamental é que a escravidão não é um fato do passado, ela vige no presente.

16. Natércia Sampaio Siqueira, Renata Albuquerque Lima e Átila de Alencar Araripe Magalhães, "Novo Racismo, Fundamentalismo Islâmico e o Fortalecimento das Direitas no Mundo Ocidental", *Revista Brasileira de Estudos Políticos*, n. 116, pp. 351-373, jan.-jun. 2018.

17. Laurentino Gomes, *Escravidão*, vol. II: *Da Corrida do Ouro em Minas Gerais Até a Chegada da Corte de Dom João ao Brasil*, Rio de Janeiro, Globo Livros, 2021.

Chico Buarque diz isso tudo em *As Caravanas*, não num discurso conceitual, mas – sem falar na música, que, como eu disse, é produtora de significado – utilizando uma linguagem imagética e recursos que nos atingem também sensorialmente. Aliás, Hegel diz que "Poesia é o luzir sensível da ideia".

* * *

Voltemos ao texto da canção, às três primeiras estrofes, com foco nas favelas que aqui comparecem. Segundo a declaração no *Correio Braziliense* do Ministro da Igualdade Racial do Governo Lula, Edson Santos, num 13 de maio de 2008, quando se fazia memória dos 120 anos da assinatura da Leia Áurea, que abolira a escravidão no Brasil, em 1888, "O negro deixou a senzala para morar na favela"[18].

Pois bem, nas favelas citadas na canção verifica-se uma constante, que as unifica num doloroso denominador comum: elas foram (e são) espaços de operações policiais sangrentas – como a Favela de Chatuba, que se tornou famosa em 2012, quando lá houve uma chacina de seis jovens. Algumas continuarão apresentando, em anos posteriores à produção de *As Caravanas*, índices crescentes de letalidade nas incursões policiais – o que significa que isso diz respeito a algo estrutural e que estamos no meio de um processo. A situação dos morros é extremamente complexa, com problemas de drogas, de tráfico, de milícias... tudo coroado pelo extermínio da população negra por parte de agentes públicos[19]. Segundo um dos líderes comunitários de Jacarezinho, Rum-

18. Edson Santos, "Estudo do IPEA diz que população negra deve se igualar à branca", *Correio Braziliense*, 14 maio 2008.
19. Como é o caso recente da Favela do Jacarezinho, que em 6 de maio de 2021 – portanto, quase quatro anos após o lançamento de *As Caravanas* – foi cenário da maior chacina policial da história, com um saldo de 29 mortos (sendo um deles, policial). O então presidente da República "parabenizou" a operação, e lamentou a morte de um dos policiais. O vice-presidente se pronunciou: "Tudo bandido" (*Wikipédia*). Ver também "Mortos na

ba Gabriel[20], "a polícia passou a desempenhar o papel dos capitães do mato, prendendo os negros".

Estatísticas macabras dizem que a cada 23 minutos um jovem negro é assassinado. Essa é uma das constatações do relatório final da CPI do Senado, do ano de 2016, sobre o assassinato de jovens no Brasil[21]. Segundo a *Carta Capital*, o *Atlas da Violência 2021*, produzido pelo Instituto de Pesquisa Econômica Aplicada (Ipea) e pelo Fórum Brasileiro de Segurança Pública (FBSP), divulgado em 31 de agosto de 2021, assinala que em 2019, o risco de uma pessoa negra ser assassinada foi 2,6 vezes maior do que o de um não negro. Negros representam 75,7% das vítimas de homicídio no país. No entanto, nem é preciso frequentar as estatísticas: a leitura de jornal ou os noticiários de TV evidenciam que essa desproporção tem aumentado nos últimos tempos.

Esses assassinatos são perpetrados não apenas pela polícia, como também por seguranças particulares[22]. Os exemplos seriam infindos, mas os que refiro, agora, particularmente nas notas de rodapé, posteriores à canção *As Caravanas*, são fatos traumáticos que ficaram impac-

---

chacina do Jacarezinho sobem para 28. Ao menos 13 não eram investigados na operação", de Cecília Olliveira e Felipe Betim, publicado em 7 de maio de 2021 no *El País*.

20. Rumba Gabriel, *apud* William Reis, "Jacarezinho: a história da favela mais negra do Rio de Janeiro", *Veja Rio*, 16 ago. 2020.

21. "Relatório aponta que a cada 23 minutos um jovem negro é assassinado no Brasil", *Jornal de Brasília*, 8 jun. 2016.

22. É o caso da empresa Vector Segurança Patrimonial Ltda., do Supermercado Carrefour, em Porto Alegre, cujos terceirizados surraram e asfixiaram até a morte João Alberto Silveira Freitas, o Beto, na véspera do Dia da Consciência Negra do ano de 2020 (Paula Sperb, "Homem negro morre após ser espancado por seguranças do Carrefour em Porto Alegre", *Folha de S. Paulo*, 20 nov. 2020). Mas houve também o caso do adolescente negro que foi amarrado, despido, chicoteado e torturado porque roubara uma barra de chocolate num supermercado da Vila Joaniza, São Paulo, em 2 de setembro de 2019 (Dhiego Maia, "Adolescente é despido, amordaçado e chicoteado por furtar chocolate", *Folha de S. Paulo*, 3 set. 2019). O que marca este fato específico foi a reação de apoio nas redes sociais, por parte da *gente ordeira e virtuosa*, aos agressores, pois um deles, provavelmente para se vangloriar do feito, fez circular um curto vídeo da tortura, que viralizou.

tados na memória, à guisa de ilustração de casos em que pulsa nos justiceiros a ancestralidade da casa-grande. E há também os linchamentos virtuais nas redes sociais.

Voltemos às favelas cariocas que compareçem em *As Caravanas* e de que ressaltei o fato de serem palcos frequentes de operações policiais. Mas há outro importante denominador comum entre elas: as favelas são núcleos de resistência de cultura negra, da mais alta qualidade. Trata-se aqui do caso, para falarmos nos termos de Alfredo Bosi, num texto em que trata do poeta negro Cruz e Souza, do "excluído enquanto sujeito do processo simbólico"[23], do excluído enquanto ator cultural.

Não por acaso, grandes nomes da música brasileira nasceram ou se criaram nessas favelas[24]. Tomemos Irajá: Dolores Duran cantava nas festas de Irajá, onde, por sinal, nasceram Zé Keti e Zeca Pagodinho; Nei Lopes gravou o *Samba de Irajá*, que ele canta junto com Chico Buarque, num cd de 2015[25].

Falando da Favela da Penha, originada do Quilombo da Penha (mas creio que se possa ampliar essa observação para outras favelas), William Reis diz que a herança do quilombo se mantém viva "no samba, no *funk*, na estética negra reproduzida nos salões de beleza, no futebol e na militância". E também na capoeira, como um legado cultural, acrescentará ele mais adiante[26].

Bezerra da Silva, que transitou por Jacarezinho (chamada de quilombo urbano) e demais morros, especialmente o de Cantagalo, utiliza o samba para tematizar as questões sociais e tem um disco com o título de JUSTIÇA SOCIAL, de 1987. Dois anos depois, por sinal, ele gravaria a

---

23. Alfredo Bosi, *Literatura e Resistência*, São Paulo, Companhia das Letras, 2002, p. 259.
24. Para uma abordagem das complexas relações entre o samba e o "morro", ver Miguel Jost, "A Construção/Invenção do Samba: Mediações e Interações Estratégicas", *Revista IEB*, São Paulo, n. 62, dez. 2015, pp. 112-125.
25. É interessante lembrar que na região de Irajá havia, no fim do século XVIII, treze engenhos, todos com mão de obra escrava (*Wikipédia*: Irajá).
26. William Reis, "Vila Cruzeiro: Um Legado da Cultura Negra no Rio", *Veja Rio*, 9 jul. 2020.

canção *É o Bicho É o Bicho*[27] (citada no verso 10 de *As Caravanas*), em que um tiro pega um mané do morro.

Quanto à Favela da Maré, que comparece por último na canção: foi lá que nasceu e atuou Marielle Franco. Eleita vereadora pelo PSOL, ela criou (junto com Renata de Souza, que também se tornaria deputada pelo mesmo partido) o bloco de Carnaval "Se benze que dá", na Maré. Sua campanha teve o *slogan* #MulheRaça, indiciando o tipo de luta política que ela se dispunha a travar. Vítima de um atentado no dia 14 de março de 2018, foi assassinada no carro junto com o seu motorista, Anderson Gomes, ao voltar da roda de conversa "Jovens negras movendo as estruturas", na Casa das Pretas, espaço coletivo de mulheres negras da Lapa[28]. Atente-se para o nome da roda de conversa: "Jovens negras *movendo as estruturas*". Portanto, resistência cultural, resistência política e assassinatos estão amalgamados.

E a Favela de Caxangá, citada no verso 5? Caxangá: esse termo acorda nas nossas cabeças a canção infantil, ou melhor, o jogo infantil cantado, acompanhando uma coreografia com as mãos: "Escravos de Jó / Jogavam Caxangá / Tira, põe, deixa ficar..." (não por acaso, *escravos*).

Aliás, uma leitura ou escuta um pouquinho mais atenta dessa canção revela o trabalho extraordinário de adequação da toponímia à temática dominante, que é a questão da escravatura. E observamos, atuante, o mecanismo da *condensação* e uma utilização competentíssima da ambiguidade (por sinal, na teoria literária isso pode ser chamado de "polivalência do signo poético").

* * *

27. *É o Bicho É o Bicho*, composição de Adezonilton e Simões PQD, gravada por Bezerra da Silva em 1989: "É o bicho, é o bicho / É o bicho, é o bicho, malandragem / É o bicho, é o bicho / Eu falei que é o bicho / No silêncio da noite um tiro ecoou / Formando na área o maior reboliço / A moçada gritava que o bicho pegou / O mané de boresta na boca do lixo".

28. Carolina Vaz, "Marielle Franco: Três Anos de Saudade na Maré", *O Cidadão*, 14 mar. 2021.

Por fim, quero enfocar a *estrutura* de *As Caravanas*. Eu tinha dito que a alusão ao romance *O Estrangeiro*, de Camus, é um ponto de inflexão na canção. A primeira parte do texto (até o vigésimo verso) diz respeito a uma realidade tensionada, conflagrada, que revela um conflito do presente. Mas a partir da quinta estrofe, que se situa no meio da canção – e que, como eu disse, alude ao assassinato de um muçulmano – há uma *clivagem* no corpo do poema, o estilo muda, o tom se altera.

Com efeito, a razão começa a bascular. Não se enxerga aquilo que está diante dos olhos, que, junto com a razão, estão embaçados, como diz o verso 24, no centro exato do poema. Nas últimas estrofes, aparecem os termos "zoeira", "doido", "insana"; a expressão "Ou doido sou eu que escuto vozes" (versos 30/43). Esquizofrenia? Ou se poderia pensar que essas vozes escutadas seriam as *Vozes d'África*[29], do poema de Castro Alves?

Na sequência, o que vai dominar é a denegação: "Não há gente tão insana / Nem caravana / Nem caravana / Nem caravana do Arará". Ao final, num crescendo, insiste-se em negar. É uma denegação por parte do brasileiro comum, mas é também uma denegação institucional[30],

---

29. "Deus! ó Deus! onde estás que não respondes? / Em que mundo, em qu'estrela tu t'escondes / Embuçado nos céus? / Há dois mil anos te mandei meu grito, / Que embalde desde então corre o infinito… / Onde estás, Senhor Deus? / […] / Hoje em meu sangue a América se nutre / Condor que transformara-se em abutre, / Ave da escravidão, / Ela juntou-se às mais… irmã traidora / Qual de José os vis irmãos outrora / Venderam seu irmão. / Basta, Senhor! De teu potente braço / Role através dos astros e do espaço / Perdão p'ra os crimes meus! / Há dois mil anos eu soluço um grito… / Escuta o brado meu lá no infinito/ Meu Deus! Senhor, meu Deus!!…" (Castro Alves, "Vozes d'África", de "Os Escravos". *Obra Completa*, Rio de Janeiro, Editora Aguilar, 1960, p. 290).

30. Jair Messias Bolsonaro, ainda como candidato em campanha para as eleições presidenciais de 2018, expôs como uma de suas plataformas de governo o não reconhecimento de terras quilombolas, ocasião em que disse que os ex-escravizados pesavam arrobas e que não serviam nem para procriar ("Bolsonaro é acusado de racismo por frase em palestra na Hebraica", *Veja*, 6 abr. 2017). Foi eleito presidente da República e depois nomeou para presidir a Fundação Zumbi dos Palmares um indivíduo que declarou que a escravidão foi benéfica para os negros, eles é que se vitimizam. Reações provocadas por essa declaração levaram a um afastamento na cúpula da Fundação, mas logo Sérgio Camargo

que beira a insanidade. Verifica-se uma ruptura do tecido social desse povo que, tanto individual, quanto coletiva e institucionalmente, não se dá conta de sua origem e não presta contas à sua história.

Eu tinha falado mais acima em clivagem no texto da canção *As Caravanas*. No âmbito da mineralogia, clivagem é a propriedade que têm certos minerais, certos cristais, de se fragmentarem segundo sua estrutura, segundo um determinado plano regido pela sua estrutura. Pois bem, uma clivagem está presente na sociedade brasileira, estruturada nessa relação senhor-escravo.

E aqui vem um último *topos* em que eu gostaria de insistir: o fato de essa clivagem no corpo do poema corresponder à clivagem no corpo da nação. Estamos vendo nesse texto, concretizada, aquela ideia de Antonio Candido que diz respeito às relações entre literatura e sociedade. Trata-se do postulado do "externo" que se torna "interno". Aquilo que está no nível externo, quer dizer, o social, tornou-se interno, elemento integrante da estrutura da obra[31].

Estigmatizados pelo nosso passado escravocrata, nos recusamos a enxergar a situação presente – olhos e razão embaçados. No entanto, a coisa vige no presente, e o que não é enxergado, é atuado. O verso "Tem que bater, tem que matar, engrossa a gritaria" tanto diz respeito aos castigos corporais da época da escravidão quanto aos linchamentos e assassinatos de hoje. A "zoeira na prisão" remete aos navios negreiros, mas a contiguidade com "crioulos empilhados" diz respeito ao sistema prisional brasileiro da atualidade[32]. Mais uma vez, condensação, ambi-

---

foi reconduzido ao cargo, de onde continuou a atacar a figura de Zumbi, pregando que o movimento negro deveria ser extinto, e defendendo a tese de que não há racismo no Brasil ("Presidente da Fundação Palmares chama Movimento Negro de 'escória maldita'", *Brasil de Fato*, 3 jun. 2020).

31. Antonio Candido, *Literatura e Sociedade: Estudos de Teoria e História Literária*, 3. ed. rev., São Paulo, Editora Nacional, 1973, p. 4.

32. Em quinze anos, a proporção de negros no sistema carcerário cresceu 14%, enquanto a de brancos diminuiu 19%. Hoje, a cada três presos, dois são negros (cf. *14º Anuário Brasileiro de Segurança Pública*, divulgado pelo Fórum Brasileiro de Segurança Pública em 19 de outubro de 2020).

guidade e genialidade. Faltou dizer que a reprodução de um dado fundamental da sociedade no nível *formal* de uma obra, na sua estrutura, acontece nos grandes textos, dos grandes autores.

Observe-se que vários dos comentários referenciados nas notas de rodapé dizem respeito a fatos que aconteceram também posteriormente à produção de *As Caravanas*, o que vem a comprovar, reitero, o quanto essa canção nomeia uma realidade brasileira estrutural em processo – que se iniciou no passado, vem se desdobrando e ganhando escala no presente e desgraçadamente se ampliará no futuro, se não houver uma ação efetiva.

Uma observação final: a poesia-resistência desse "poeta social" de poderosa coerência que é Chico Buarque acontece num encontro – que é a sua marca – de uma postura ética com uma esplêndida elaboração estética.

6
Que Tal um Samba?

E SUAS CAMADAS

Quantas camadas terá uma canção de Chico Buarque? Tentarei dar conta dessa questão na abordagem da letra de *Que Tal um Samba?*, à primeira vista de uma quase comovente simplicidade:

Um samba
Que tal um samba?
Puxar um samba, que tal?
Para espantar o tempo feio
Para remediar o estrago

Que tal um trago?
Um desafogo, um devaneio
Um samba pra alegrar o dia
Pra zerar o jogo
Coração pegando fogo
E cabeça fria

Um samba com categoria, com calma
Cair no mar, lavar a alma
Tomar um banho de sal grosso, que tal?
Sair do fundo do poço
Andar de boa

Ver um batuque lá no Cais do Valongo
Dançar o jongo lá na Pedra do Sal
Entrar na roda da Gamboa
Fazer um gol de bicicleta
Dar de goleada
Deitar na cama da amada
Despertar poeta
Achar a rima que completa o estribilho
Fazer um filho, que tal?
Pra ver crescer, criar um filho
Num bom lugar, numa cidade legal
Um filho com a pele escura
Com formosura
Bem brasileiro, que tal?
Não com dinheiro
Mas a cultura
Que tal uma beleza pura
No fim da borrasca?
Já depois de criar casca
E perder a ternura
Depois de muita bola fora da meta
De novo com a coluna ereta, que tal?
Juntar os cacos, ir à luta
Manter o rumo e a cadência
Esconjurar a ignorância, que tal?

Desmantelar a força bruta
Então que tal puxar um samba
Puxar um samba legal
Puxar um samba porreta
Depois de tanta mutreta
Depois de tanta cascata
Depois de tanta derrota

Depois de tanta demência
E uma dor filha da puta, que tal?
Puxar um samba
Que tal um samba?
Um samba[1].

Sim, quantas camadas de significação essa canção teria? Vamos começar pelas iniciais. Num primeiro momento, trata-se aqui, em meio a uma situação adversa, de um convite à alegria e aos pequenos e também grandes prazeres da vida, a tudo que vale a pena, desde tomar um trago, jogar futebol, dançar, até o exercício da criatividade mais alta e daquilo que nos plenifica: fazer poesia, deitar na cama da amada, fazer um filho. Uma ode à vida. E essa alegria é sem arroubos, é um pouco machucada, uma alegria bemolizada (estou falando em termos de conteúdo, não em termos musicais). Apesar do tom contido, sem nenhuma concessão à grandiloquência, há um convite para um samba, e o interessante é que é algo para já, não vale como um aceno ao futuro, a um "amanhã que vai ser outro dia", mas incide como uma proposta de superação, agora. Em meio à depressão cívica em que se patinava em meados de 2022, era tudo de que precisávamos. A força desse convite nos reenergiza: "Coração pegando fogo", diz o verso 10.

Mas em meio às pequenas e grandes alegrias, registra-se também muita negatividade a ser superada, como se verá adiante. Há termos que, na sua enxutez e na sua contundência, demandam que lhes seja fornecido um referente histórico, ou referentes.

Por outro lado, o samba sempre foi, na imagética de Chico Buarque, o espaço da vida, do afeto e da alegria: "Se todo mundo sambasse, / seria tão fácil viver", já dizia ele em *Tem Mais Samba*[2], uma canção de 1964. Mas é que em certas situações – e o Brasil viveu duas delas, no espaço de duas gerações – ficou difícil sambar e ficou difícil viver.

---

1. Chico Buarque, *Que Tal um Samba?*, Biscoito Fino, 2022.
2. Chico Buarque, *Tem Mais Samba*, do álbum CHICO BUARQUE DE HOLLANDA, 1966.

Muitas vezes, o samba na produção de Chico vem intercambiado com Carnaval: o contraposto de tudo que é repressão, opressão e signo de morte. Daí, impõe-se um paralelismo entre duas canções separadas por exatos cinquenta anos: *Quando o Carnaval Chegar*, de 1972, e *Que Tal um Samba?*, de 2022 – irmanadas em suas condições de produção, ambas engendradas de tempos de opressão política e de erosão democrática: respectivamente, os 21 anos de ditadura militar (de 1964 a 1985) e os "anos de estupidez e obscurantismo", os "quatro anos de um governo funesto [que] duraram uma eternidade", nas palavras do próprio Chico Buarque[3].

Vejamos algumas estrofes da canção de 1972, produzida em plena ditadura civil-militar, implantada pelo golpe de 1964:

> Quem me vê sempre parado, distante,
> Garante que eu não sei sambar
> Tô me guardando pra quando o carnaval chegar
> [...]
> Eu vejo as pernas de louça
> Da moça que passa e não posso pegar
> Tô me guardando pra quando o carnaval chegar
> [...]
> E quem me vê apanhando da vida
> Duvida que eu vá revidar
> Tô me guardando pra quando o carnaval chegar
>
> Eu vejo a barra do dia surgindo
> Pedindo pra gente cantar
> Tô me guardando pra quando o carnaval chegar
>
> Eu tenho tanta alegria, adiada
> Abafada, quem dera gritar
> Tô me guardando pra quando o carnaval chegar[4].

---

3. Discurso por ocasião da Outorga do Prêmio Camões 2019, no dia 24 de abril de 2023, Palácio Nacional de Queluz. Conferir nota n. 4 da "Nota Prévia" (p. 15).

4. Chico Buarque, *Quando o Carnaval Chegar*, 1972.

O paralelismo é interessante, mas o importante consiste em ressaltar as discrepâncias. Diferentemente da canção da década de 1970, engendrada no meio da ditadura militar, e que é uma autêntica "canção de repressão"[5], acenando para um futuro em que se daria a libertação, na canção de 2022 é ainda no seio da situação adversa que se propõe "sair do fundo do poço" e "puxar um samba" – e tudo que ele significa de vida. Nesta canção recente, não se está em regime de espera ("se guardando" pra quando algo chegar), mas há uma convocação para – em meio a essa situação hostil, repito – "juntar os cacos e ir à luta". Também havia em *Quando o Carnaval Chegar* um tom de velada ameaça, um andamento em que se repertoriava tudo que não se podia fazer. Por outro lado, em *Que Tal um Samba?* se inventaria tudo que se pode fazer, mesmo em tempos de "tanta demência" – como os da enunciação da canção.

E, já que falei em "canção de repressão", é o caso de se convocar ainda uma outra, canônica, *Cálice*, composta por Chico Buarque e Gilberto Gil em 1973, também em plena ditadura, e que a partir do seu título acena para a censura, para o silêncio imposto ("cale-se") e para a situação-limite do silêncio, que é a morte. Foi censurada e teve sua liberação somente em 1978. Vejamos o início dessa composição:

Pai, afasta de mim esse cálice
Pai, afasta de mim esse cálice
Pai, afasta de mim esse cálice
De vinho tinto de sangue

Como beber dessa bebida amarga
Tragar a dor, engolir a labuta
Mesmo calada a boca, resta o peito
Silêncio na cidade não se escuta
De que me vale ser filho da santa

---

5. Cf. Adelia Bezerra de Meneses, *Desenho Mágico – Poesia e Política em Chico Buarque*, 3. ed., Cotia-SP, Ateliê Editorial, 2002.

Melhor seria ser filho da outra
Outra realidade menos morta
Tanta mentira, tanta força bruta
[...][6]

Nesse paralelismo, avulta não só aquilo que todos que já se debruçaram sobre essas duas canções não podem deixar de apontar: na sequência de sons dos termos "labuta" e "escuta", de *Cálice*, cinquenta anos depois, a rima certa comparece numa outra canção. Pois para a palavra "bruta", da expressão "força bruta", que é retomada em *Que Tal um Samba?*, a rima é, sim, *puta* ("uma dor filha da puta", diz o verso) e não o eufemismo irônico "filha da outra", da canção da década de 1970. Pode-se dizer que, quando enuncia com todas as letras o palavrão, o que o autor fez foi "achar a rima que completa o estribilho" de cinquenta anos atrás.

Há também uma relação entre o "cálice / de vinho tinto de sangue", bem como "beber dessa bebida amarga", da canção *Cálice*, com o convite a "um trago" de *Que Tal um Samba?* Em vez de tragar a dor, o aceno a "um trago" "para remediar o estrago" dos tempos de tanta borrasca. Em vez de "engolir a labuta", "ir à luta". Sem alardes, sem grandiloquência, sem vitimização: um convite à resistência. Não há que se engolir nada, a proposta é resiliência, individualmente e enquanto coletividade.

E, finalmente, tomando-se a última estrofe de *Cálice* –

Quero perder de vez tua cabeça
Minha cabeça perder teu juízo
Quero cheirar fumaça de óleo diesel
Me embriagar até que alguém me esqueça

– ressalta-se a contraposição entre "perder a cabeça" da canção de 1973 e a "cabeça fria" da canção de 2022. No presente, nada de perder nem

---

6.   Chico Buarque e Gilberto Gil, *Cálice*, do álbum CHICO BUARQUE, 1978.

a cabeça, nem o juízo, nada de se embriagar até o esquecimento (do outro, que seja).

Não dá para falar de canção de repressão sem convocar aquela que se tornou, junto com *Caminhando*, de Vandré, quase que um hino oficial de protesto, cantada em qualquer reunião em que comparecessem mais do que uma dúzia de pessoas e em todas as reuniões de estudantes (logo dissolvidas pela polícia, que sistematicamente prenderia uns e outros) e que todos sabiam de cor: *Apesar de Você*[7], de 1970. Há aí os elementos da "canção de protesto" sintetizados na recusa de um presente de trevas e projeção para um futuro que haveria de vir, redimindo uma situação social de falta de liberdade e autoritarismo, tortura e morte[8] sintetizados na simbólica "escuridão" (da qual uma variante será "tempo feio" de *Que Tal um Samba?*). Logo foi proibida, no momento em que os censores se deram conta de que o "você" do texto poderia referir-se ao ditador general Médici:

Hoje você é quem manda
Falou, tá falado
Não tem discussão, não
A minha gente hoje anda
Falando de lado
E olhando pro chão, viu
Você que inventou esse estado
E inventou de inventar
Toda a escuridão
[...]

A situação de opressão comparece canonicamente em "amor reprimido", "grito contido", "samba no escuro":

7. Chico Buarque, *Apesar de Você*, 1970.
8. Cf. Adelia Bezerra de Meneses, *Desenho Mágico – Poesia e Política em Chico Buarque*, 3. ed., Cotia-SP, Ateliê Editorial, 2002.

Quando chegar o momento
Esse meu sofrimento
Vou cobrar com juros, juro
Todo esse amor reprimido
Esse grito contido
Este samba no escuro
Você que inventou a tristeza
Ora, tenha a fineza
De desinventar
Você vai pagar e é dobrado
Cada lágrima rolada
Nesse meu penar.

Aqui, o samba é no escuro, diferentemente da canção recente, em que o convite de puxar um samba é feito "pra alegrar o dia", às claras e em espaços públicos (e espaços significativos para as origens do próprio samba, como se verá). Quanto à "lágrima rolada" e o "penar", serão retomados na canção de 2022, talvez até intensificados, em "uma dor filha da puta". No entanto, aqui o amor não será relegado para o futuro, mas "deitar na cama da amada" é uma proposta para o momento.

Finalmente, em *Apesar de Você*, na sequência de estrofes mediais em que são convocados ingredientes das canções de protesto de todos os tempos, "jardim florescer" e sobretudo "dia" (dia a raiar, dia que há de vir), surgem na estrofe final os *topoi* da poesia e do canto coral, metáfora de uma comunhão reencontrada:

Apesar de você
Amanhã há de ser
Outro dia
Você vai ter que ver
A manhã renascer
E esbanjar poesia
Como vai se explicar

De repente, impunemente
Como vai abafar
Nosso coro a cantar
Na sua frente.

Assim, em *Que Tal um Samba?* Chico Buarque dialoga com as suas canções de repressão da década de 1970. A recusa da realidade opressora tem o mesmo *pathos*, mas a estratégia mudou. Pois as canções conversam, e o tempo decorrido na sua produção, um intervalo de quase cinquenta anos, separando os tempos da ditadura de 1964 do governo de erosão democrática de 2022, provocou mudanças. Em termos pessoais, isso significou para o autor uma passagem da juventude à maturidade, mais precisamente, à terceira idade (de calma resiliência, de mais estratégia, talvez); em termos sociais, isso correspondeu a um amadurecimento da sociedade civil, que, mal ou bem, se expressou – nunca circularam tantas declarações, nunca tantas entidades se posicionaram, nunca tantas "cartas abertas" foram escritas, permeando todas as mídias, nunca tantos manifestos suprapartidários, de professores, psicanalistas, advogados, artistas, associações de classes etc., vieram à luz. Mas, acima de tudo, a sociedade brasileira se expressou com o voto, sem esbanjar, mas o suficiente para ganhar democraticamente as eleições de outubro/novembro de 2022. *Que Tal um Samba?* é de junho de 2022 e essa canção acabou funcionando como uma previsão do futuro: "depois de tanta demência", o Brasil pode voltar a sambar. Embora seja doído, com o reconhecimento de que se criou casca, sim, que se perdeu a ternura (desmentindo – com muita pena – o lema do Che Guevara: "É preciso endurecer, mas sem perder a ternura, jamais"[9]).

Vamos à canção de 2022. Como nada do que o Chico escreve é por acaso, há que se procurar referentes para a vida real, e tudo é muito condensado. A eleição de Bolsonaro em 2018 nos levou a um "tempo

9. Ernesto Che Guevara: "Hay que endurecer, pero sin perder la ternura jamás".

feio" – expressão que comparece logo no comecinho, no quarto verso, e que se desdobrará ao longo da canção em: "estrago", "fundo do poço", "borrasca", "bola fora da meta", "cacos" (a serem juntados), "ignorância" (a ser esconjurada), "força bruta" (a ser desmantelada)[10], "mutreta", "derrota", "demência", "e uma dor filha da puta". Essa insistência significativa nesse painel de negatividade e de morte nos obriga, a nós, ouvintes/leitores, a um dever de memória histórica. Literalmente, a fazer memória. Cada expressão dessas, semeadas nesses versos, ecoa perplexidades e feridas, recentíssimas, da perspectiva de uma história de curta duração. Todos nós, ouvintes contemporâneos da canção *Que Tal um Samba?*, somos testemunhas históricas de fatos que estão condensados sob essas expressões.

De fato, paralelamente à pergunta reiterada *Que Tal um Samba?*, os signos da negatividade vão num crescente, até tudo desembocar nessa dor, indiciando o sofrimento pavoroso dos três últimos anos, "uma dor filha da puta". A tendência é a sociedade esquecer, mas temos o dever da memória. Por sua contundência, essa expressão exige uma explicação: o Brasil teve setecentas mil mortes pela Covid-19, na pandemia mal gerenciada pela corja bolsonarista. Setecentas mil. Essas mortes poderiam ter sido reduzidas a um terço se tivéssemos tido um enfrentamento adequado da pandemia. Os setecentos mil óbitos no país representam a cifra absurda de 10% dos mortos oficiais por Covid no mundo – sendo que o Brasil representa 3% da população do planeta. A Fiocruz declarou que a Covid-19 matou, no Brasil, quatro vezes

---

10. No entanto, não se fica na mera constatação: cada vez que um desses termos negativos aparece, leva acoplado um verbo que o anula: fala-se em "tempo feio", mas a ação proposta é "espantar"; fala-se em "cacos", mas a ação é "juntar"; fala-se em "ignorância", mas o verbo proposto é "esconjurar"; fala-se em "força bruta", mas a ação esperada é "desmantelar". Aliás, assim como observou o professor Walter Garcia na canção *Águas de Março*, de Tom Jobim, aqui também se verifica uma "alternância entre versos otimistas e pessimistas" nesse impulso de os artistas apreenderem a vida na sua contraditória diversidade (Walter Garcia, "A Construção de *Águas de Março*", in Luca Bacchini (org.): *Maestro Soberano: Ensaios Sobre Antonio Carlos Jobim*, Belo Horizonte, Editora da UFMG, 2017).

CHICO BUARQUE OU A POESIA RESISTENTE

mais que a média mundial de óbitos por habitante[11]. De fato, o país teve como mandatário supremo (cuja voz é por grande parte do povo respeitada e ouvida, porque revestida do peso do cargo) um indivíduo que desestimulava o uso de máscaras e o isolamento social; que, para combater o vírus, defendia remédios para malária (Cloroquina) e um fungicida (Ivermectina); que boicotava as vacinas e atrasou o quanto pôde as compras e o processo de vacinação (haja vista as conclusões da CPI da Covid, em 2022); que pôs à frente do Ministério da Saúde, depois de demitir outros ministros que não se afinavam com seu negacionismo, um general parceiro que se tornou conhecido pela afirmação de que "um manda e outro obedece". Pois bem, sob o comando desse militar especialista em logística, extraviaram-se oitenta mil doses de vacinas que deveriam ter seguido para o *Amazonas*, mas desembarcaram em outro Estado brasileiro, cujo nome se inicia por letras iguais: *Amapá*. Mas há também o caso da crise do oxigênio em Manaus, o que fez um número enorme de pacientes com Covid sufocarem até o fim. Conforme apuração da Comissão Parlamentar de Inquérito (a CPI da Covid), o Ministério da Saúde foi alertado, mas, passando-se um mês sem que nenhuma iniciativa fosse tomada, a escassez do insumo propiciou a morte dos pacientes nas UTIs.

E, desdobrando ainda o que poderia ser a "dor filha da puta", da canção *Que Tal um Samba?*, para só focarmos em dois casos extremos, o que falar dos agravos contra os povos indígenas e, sobretudo, do genocídio Yanomami? Repito: genocídio. Ao longo do governo bolsonarista, não se tratou somente de omissão, mas houve vontade política de extermínio indireto de povos indígenas, devastados pela mineração criminosa em suas terras, com o afrouxamento do controle do garimpo ilegal e do desmatamento, bem como impunidade e desmonte técnico das instituições ambientais. Junto com as florestas destruídas, os rios poluídos e a terra arrasada, sucumbiriam necessariamente os povos ori-

---

11. "Fiocruz: Covid matou 4 vezes mais no Brasil do que média mundial", *O Antagonista*, 10 fev. 2022.

ginários. Segundo um levantamento realizado em janeiro de 2023 pelo *site* Sumaúma, 570 crianças yanomamis com menos de cinco anos morreram por causas evitáveis nos últimos quatro anos – um aumento de 29%[12]. Foi "a boiada passando", do então ministro do Meio Ambiente, Ricardo Salles, escolhido a dedo para o desmantelamento dos controles ambientais e, por paradoxal que seja (paradoxo coerente com o projeto de ação desse governo), sob suspeita de integrar um esquema de tráfico de madeira ilegal.

É a isso que se pode chamar de necropolítica, uma política de morte. (Aliás, num parênteses, "Viva la Muerte!" era a saudação dos militares franquistas na ditadura da Espanha: é a pulsão de morte que opera nesses domínios sombrios do autoritarismo opressor.) No caso brasileiro, o genocídio de povos indígenas conduziria a um ecocídio, na medida em que são esses povos originários que protegem a floresta e que, nos termos de Davi Kopenawa, impedem a "queda do céu" e o comprometimento irreversível do meio ambiente[13].

A memória é curta e há que se registrar tudo isso, nem que seja em uma análise de texto, para as gerações futuras que hão de cantar essa canção (*Ars longa, vita brevis*[14]) e que toca tão fundo nesse nervo exposto.

Voltemos a *Que Tal um Samba?* É importante assinalar que, ao mesmo tempo que faz esse convite, Chico aproveita para tornar mais uma vez evidente que os mais celebrados bens culturais caracterizadores do Brasil, constitutivos da identidade brasileira, o samba e o futebol, são tingidos de africanidade, tão desmerecida pela boçalidade do governo nefasto. No entanto, aqui, nesses tópicos, entraremos no recorte de uma história de longa duração.

---

12. Carlos Marcelo e Márcia Maria Cruz, "Eliane Brum: 'A Luta pela Amazônia é uma Luta para Sempre'", *Estado de Minas*, 27 jan. 2023.
13. Davi Kopenawa e Bruce Albert, *A Queda do Céu – Palavras de um Xamã Yanomami*, São Paulo, Companhia das Letras, 2015.
14. "A Arte é longa, a vida é breve" (aforisma de Hipócrates, difundido pelo filósofo latino Sêneca).

Mas, antes, começo pelo "gol de bicicleta", logo após a referência à Gamboa. Aí vemos que o samba se emparelha com outro signo de identidade brasileira que é o futebol: foi um jogador negro que inventou o gol de bicicleta, Leônidas da Silva, chamado de Diamante Negro. E há na canção outras alusões relativas ao futebol: "zerar o jogo", "dar de goleada", "bola fora de meta".

No entanto, a importância maior é dada mesmo ao samba (não fosse esse o título da canção!), devedor das nossas raízes africanas, postulando o reconhecimento de um enorme legado dos afro-brasileiros. Antes do meio da canção, há uma sequência de três versos que condensam referências fortes de vivências culturais ligadas a tradições de origem africana e, muito especificamente, ao samba. Numa primeira camada, é só festa:

Ver um batuque lá no Cais do Valongo,
Dançar o jongo lá na Pedra do Sal,
Entrar na roda da Gamboa.

Vamos examinar esses espaços.

O Cais do Valongo, situado na região portuária do Rio de Janeiro, no Bairro da Saúde, recebeu o título de Patrimônio Histórico da Humanidade, em 2017, por ser vestígio material da chegada de escravizados nas Américas. E tornou-se um lugar de celebração do legado cultural que a África trouxe ao Brasil, de ancestralidade e identidade. É assim que a Esplanada do Valongo acolhe, na atualidade, além do Tambor do Valongo (Tambor de Cumba), o samba, rodas de capoeira, representações de jongo, desfiles de congada, cirandas, tambores, rituais do candomblé, rodas de danças afro-brasileiras etc.[15]

Quanto à Pedra do Sal, localizada no mesmo Bairro da Saúde, é um monumento histórico e religioso, tombado em 20 de novembro de 1984 pelo Instituto Estadual do Patrimônio Cultural do Rio de Janeiro. Nesse

15. "Projeto 'Tambor no Valongo – Ibejada' acontece neste sábado, 30, no Cais do Valongo", IPHAN, s.d.

Cais do Valongo. Foto: Halley Pacheco de Oliveira.

espaço, a Secretaria Municipal de Cultura, Turismo e Esporte colocou um retrato de Dona Ivone Lara e uma placa que diz: "Neste local, o sal era descarregado das embarcações que aportavam nas proximidades. Passou depois a ponto de sambistas que trabalhavam como estivadores". Também nas suas imediações foram fundados os primeiros terreiros de candomblé da cidade, e aí se encontra a Comunidade "Remanescentes de Quilombos da Pedra do Sal". Na atualidade, comporta celebrações e rodas de samba semanais. Ao mesmo tempo local de resistência, de culto e de festas, tornou-se um espaço de referência da cultura afro-brasileira[16].

Não por acaso, é na Pedra do Sal que o eu lírico de *Que Tal um Samba?* propõe "dançar o jongo". Envolvendo canto, dança e percussão de tambores, o jongo, vindo de Angola, é uma atividade de múltiplos significados, originalmente "de intenção religiosa fetichista", tendo perdido,

16. RioTur. "Roteiro Pequena África".

Pedra do Sal, Rio de Janeiro. Foto: Felipe Restrepo Acosta.

na atualidade, seu caráter esotérico[17]. No parecer do IPHAN – Instituto do Patrimônio Histórico e Artístico Nacional, datado de 1º de setembro de 2005, embasando as tratativas para tornar o jongo reconhecido como Patrimônio Cultural Imaterial, assinado pelo antropólogo Marcus Vinicius Carvalho Garcia, é citada uma definição do jongueiro Jefinho, que transcrevo:

O jongo, também conhecido pelos nomes de tambu, tambor e caxambu nas comunidades afro-brasileiras que o praticam, envolve canto, dança e percussão de tambores; por seu intermédio, atualizam-se crenças nos ancestrais e nos poderes da palavra. O jongo formou-se basicamente a partir da herança cultural dos negros de língua banto, habitantes do vasto território do antigo

17. Ricardo Cravo Albin, *Dicionário Houaiss Ilustrado da Música Popular Brasileira*, Rio de Janeiro, Instituto Antônio Houaiss/Instituto Cultural Cravo Albin/Editora Paracatu, 2006.

Reino do Congo. Trazidos para o Brasil para trabalhar, como escravos, nas fazendas de café e cana-de-açúcar do Vale do Rio Paraíba (Região Sudeste), desenvolveram uma forma própria de comunicação. O canto baseado em provérbios, imagens metafóricas e mensagens cifradas permitia fazer a crônica do cotidiano e reverenciar os antepassados [...][18].

Já se vê que se trata de uma celebração própria a uma comunidade, em que, como diz o antropólogo, se reforça o pertencimento a uma matriz cultural e religiosa africana e em que os sons dos tambores representam a voz ancestral do grupo[19]. Refere ele ainda:

Há um ponto de jongo eternizado na voz de Clementina de Jesus – falecida cantora herdeira direta das tradições jongueiras da região de Valença/rj – que denota o respeito e a importância desses instrumentos musicais sagrados:

Tava drumindo
Angona[20] me chamou
Vem cantar meu povo
Cativeiro se acabou[21].

Também fica fácil concluir que logo o jongo se tornou um ícone de resistência afro-brasileira – o que tem tudo a ver com a nossa canção em pauta.

18. Jefinho, *apud* Marcus Vinicius Carvalho Garcia, "Registro do Jongo no Livro de Registro das Formas de Expressão do Patrimônio Cultural de Natureza Imaterial". Parecer n. 001/GI/DPI/Iphan. Brasília, Ministério da Cultura, 1 set. 2005.
19. Marcus Vinicius Carvalho Garcia, "Registro do Jongo no Livro de Registro das Formas de Expressão do Patrimônio Cultural de Natureza Imaterial". Parecer n. 001/GI/DPI/Iphan. Brasília, Ministério da Cultura, 1 set. 2005.
20. Segundo o verbete "jongo" do *Dicionário Cravo Albin da Música Popular Brasileira*, "angona" é um dos nomes pelos quais o jongo é conhecido em São Paulo.
21. Clementina de Jesus, *apud* Marcus Vinicius Carvalho Garcia, "Registro do Jongo no Livro de Registro das Formas de Expressão do Patrimônio Cultural de Natureza Imaterial". Parecer n. 001/GI/DPI/Iphan. Brasília, Ministério da Cultura, 1 set. 2005.

Voltemos à Pedra do Sal. Importa dizer que nessa região morava a famosa Tia Ciata (que, aliás, hoje dá nome à rua que serve de logradouro para a Pedra do Sal) e que está ligada entranhadamente às origens do samba, sendo sua casa chamada de "berço mítico do samba", no Rio de Janeiro. Aliás, falando das tias baianas, "responsáveis por uma nova geração de africanos e baianos que nascia carioca"[22], que faziam doces e quitutes e davam continuidade ao culto religioso, e em cuja casa se reuniam aqueles que se irmanavam na ancestralidade, na música e na dança, diz Roberto Moura:

É fácil perceber a centralidade dessas mulheres conterrâneas, mantenedoras das festas realizadas em homenagem aos santos e dos encontros de conversa e música, onde expandia-se a afetividade do corpo, atualizando o prazer e a funcionalidade da coesão[23].

De fato, na Pedra do Sal reuniam-se grandes sambistas do passado, como Donga, João da Baiana, Pixinguinha e Heitor dos Prazeres. Aliás, foi este pintor e sambista que batizou a região de "Pequena África", com suas casas coletivas ocupadas por negros escravizados e alforriados[24]. Para Roberto Moura, a Pedra do Sal é a capital da Pequena África.

Relativamente à Gamboa, na atualidade, o programa *Samba da Gamboa*, apresentado na TV Brasil por Diogo Nogueira, divulga a tradição cultural do samba raiz, derivando das rodas de samba um programa televisivo de qualidade. Mas Gamboa é também um bairro, desmembrado, aliás, do Bairro da Saúde.

Valongo, Pedra do Sal, Gamboa: espaços culturais da contemporaneidade, no Rio de Janeiro, de afirmação de valores afro-brasileiros, de celebração da herança africana, de culto, de entretenimento e de diver-

---

22. Roberto Moura, *Tia Ciata e a Pequena África no Rio de Janeiro*, ed. rev. e ampl., São Paulo, Todavia, 2022, p. 187. Agradeço a Walter Garcia a indicação desse livro, fundamental para o estudo das origens do samba carioca.

23. *Idem*, p. 188.

24. *Idem, ibidem.*

Roda de Samba no Terreiro, Heitor dos Prazeres.

são – e que se transformaram em pontos turísticos. Mas por detrás dessas atividades de dança, do batuque, da capoeira, do jongo e do samba, por detrás do lúdico nesses lugares referidos, numa outra camada, o eu lírico sabe o que lá existiu antes, sabe o que se passou anteriormente nesses espaços. E o ouvinte/leitor também sabe.

No último livro da trilogia *Escravidão*, de Laurentino Gomes, *Da Independência do Brasil à Lei Áurea*, há um capítulo nomeado "O Valongo", que diz:

No bairro da Gamboa, na cidade do Rio de Janeiro, os ossos falam. Eles contam uma história de dor e sofrimento por muito tempo escondida nas entranhas da terra. Ali nas imediações funcionava, até meados do século XIX, o Cais do Valongo, o maior entreposto de compra e venda de seres humanos do continente americano. Na época da Independência do Brasil, navios negreiros vindos da costa da África despejavam nessa região, por ano, entre dezoito mil e 45 mil homens, mulheres e crianças escravizados. Muitos chegavam

Mercado de Escravos do Valongo, Jean-Baptiste Debret.

desnutridos, doentes e fracos demais para serem exibidos de imediato nos concorridos leilões públicos, onde pessoas de aparência mais saudável eram arrematadas por valores altos. Em vez disso, permaneciam em quarentena, para serem engordados e tratados das doenças, ritual que mais tarde permitiria ao vendedor apresentá-los aos compradores em condições de alcançarem melhores preços. Milhares deles, no entanto, não conseguiam sobreviver a essa experiência tão traumática. Morriam antes de encontrar um novo dono. Os corpos eram, então, atirados em valas comuns, quase à flor da terra. Ainda hoje, seus restos podem ser observados em algumas delas[25].

Assim é que a evocação de Valongo, da Pedra do Sal, da Gamboa, não ressoa em nós apenas lugares de celebração cultural, ou ecos das origens do samba: é impossível que não despertem em nós as histórias

---

25. Laurentino Gomes, *Escravidão*, vol. III: *Da Independência do Brasil à Lei Áurea*, Rio de Janeiro, Globo Livros, 2022, p. 209.

de dor, que confusamente guardamos ou tentamos esquecer, mas que estão presentes na atualidade[26]. Reitero: esses três pontos assinalados, da cidade do Rio de Janeiro, antes de se tornarem lugares de celebração, são lugares de memória.

Ainda no documento do IPHAN, que embasa a outorga, pelas Nações Unidas, do título de Patrimônio Artístico Mundial ao Cais do Valongo, registra-se que praticamente um quarto de todos os africanos escravizados chegaram pelo Rio de Janeiro, que, assim, é considerado o maior porto escravagista da história[27].

Então, em pontuais e enxutas referências feitas pelo eu lírico em *Que Tal um Samba?*, comparecem, amalgamadas, a história do samba e a história da escravidão – o que já justificaria o tom contido apontado nessa canção.

Mas existe também – como já aludido – a questão contemporânea: há que se reler/reouvir a canção não apenas considerando o passado, mas também no registro político de agora. Há que se reler tudo no recorte de um país estigmatizado pela escravatura, que tem um legado de brutalidade e de injustiça que o marca fundamente na atualidade, no prolongamento de um racismo sistêmico que só há muito pouco tempo começa a ser denunciado um pouco mais consequentemente.

A canção todinha é atravessada pela questão da negritude – que neste país significou séculos do mais abominável regime de opressão do ser humano, do qual tão duramente nos ressentimos. Ele vem do passado, perdura na atualidade, mas ultrapassa os governos de plantão, atingindo o cerne da nossa vida social.

Portanto, o que estou querendo dizer é que o samba e o "ir à luta" proposto em *Que Tal um Samba?* não significariam apenas vencer o desmonte democrático em curso entre 2019 e 2022 e a iminência de um

---

26. Como na canção *Subúrbio*, de Chico Buarque, em que a música vem emparelhada com sofrimento: "Carrega a tua cruz / E os teus tambores", fala o eu lírico dirigindo-se à periferia.

27. Milton Guran (coord.), "Proposta de Inscrição do Sítio Arqueológico Cais do Valongo na Lista do Patrimônio Mundial", Rio de Janeiro, IPHAN/Prefeitura do Rio de Janeiro, jan. 2016.

Tom Jobim, Pixinguinha, João da Baiana e Chico Buarque. Fonte: Acervo Instituto Tom Jobim.

golpe[28], mas também a luta contra a situação de um país que tem um legado de iniquidade e contas a prestar com o povo de matriz africana que nos formou.

Assim, reconhecer e, mais do que isso, reverenciar a influência cultural dos afro-brasileiros nos dois "produtos" mais representativos do país, o samba e o futebol, é uma das camadas de leitura da canção. A outra, como vimos, é mostrar um país atravessado pela história de so-

---

28. A iminência do golpe "que estava no ar" se concretizaria como real tentativa de golpe, abortada por um triz, no 8 de janeiro de 2023 (posteriormente, portanto, aos tempos da enunciação da canção), com a invasão e depredação das sedes dos três poderes, Executivo, Legislativo e Judiciário, em Brasília, sob o beneplácito de parte das forças policiais e elementos do exército (tudo aquilo que a CPMI do 8 de janeiro, encerrada em outubro de 2023, vasculhou).

Roda de Samba, Heitor dos Prazeres, 1963.

frimento e/ou de degradação dos seus habitantes, de todos eles, tanto dos *açoitados* (que chegavam a um extremo de devastação física, tratados como animais) quanto dos *açoitadores*[29] (na degradação ética a que desciam, desumanizados pelo horror cru que praticavam).

Sem falar que somos todos mestiços. Mas a canção nos incita a ver essa questão em suas consequências *na atualidade*, repito, naquilo que se convencionou chamar de racismo estrutural, ou racismo sistêmico, neste país que teve como mola de sua formação social e econômica o escravagismo.

Vamos então a essa camada da canção.

29. Açoitados/açoitadores: esse binômio foi criado por Chico Buarque no já citado discurso que proferiu na outorga do Prêmio Camões, em Portugal, em 2023: "Como a imensa maioria do povo brasileiro, trago nas veias sangue do açoitado e do açoitador, o que ajuda a nos explicar um pouco".

É assim que, no exato centro da letra (verso 26), os versos apresentam uma proposta (ou um desejo): a utopia de uma sociedade justa, num futuro simbolizado por um "filho", que revelará toda a beleza do amálgama produzido no Brasil, que poderá viver o fim da borrasca:

> Fazer um filho, que tal?
> Pra ver crescer, criar um filho
> Num bom lugar, numa cidade legal
> Um filho com a pele escura
> Com formosura
> Bem brasileiro, que tal?
> Não com dinheiro
> Mas a cultura
> Que tal uma beleza pura
> No fim da borrasca?

Além da clara citação de *Beleza Pura*, de Caetano Veloso – "mas formosura / dinheiro não! / a pele escura [...] / mas a cultura [...] beleza pura!"[30] – verifica-se a reiteração do termo "filho" (três incidências em quatro versos); e pulsa, com todas as letras, o desejo de "fazer um filho [...] pra ver crescer". "Pra ver crescer": um filho que não vá engrossar as estatísticas de jovens negros que tombam abatidos pelos confrontos com a polícia, em que negros ou pardos são já de início abordados como suspeitos. O desejo de criar "um filho com a pele escura" sem que, ainda na primeira infância, a caminho da escola, a criança seja atingida por uma bala perdida. E o desejo de que esse filho cresça "num bom lugar, numa cidade legal", não numa vulnerável "comunidade", eufemismo para favela, por muitos considerada como substituta da senzala, numa condição "de miséria e mazela". Pois, como diz a canção *Senzala e Favela*, de Wilson das Neves, e que Chico canta com o Emicida,

---

30. Caetano Veloso, *Beleza Pura*, do álbum CINEMA TRANSCENDENTAL, Polygran/Philips, 1979.

Chicote ou zunido de bala
Favela ou senzala
Não faz diferença[31].

Mas se, ao tratar de elementos fundamentais da negritude, não se poderia deixar de dar espaço para o racismo sistêmico que nos estigmatiza (uma história de longa duração), há elementos pontuais que estão latentes nessa canção que fala em "ignorância", "derrota" e "demência", especificamente na contemporaneidade. E aí, numa outra camada, há que se desvendar fatos políticos recentes do governo Bolsonaro e que dizem respeito diretamente a agravos contra os negros e retrocesso nas conquistas feitas da Abolição para cá.

É importante reiterar o quanto especificamente no governo bolsonarista as ações antirracismo degringolaram no país. Começou ainda na campanha eleitoral, quando o candidato estabeleceu como uma das promessas de campanha não reconhecer nenhum território quilombola.

Em entrevista ao programa *Roda Viva*, da TV Cultura, realizada a 30 de julho de 2018, Jair Bolsonaro, ainda como candidato, quando perguntado pelo Frei Davi, da Educafro, sobre a política de cotas raciais, declarou-se contra:

Essa política só visa dividir o Brasil entre brancos e negros. Somos misturados no Brasil, o negro não é melhor do que eu e eu não sou melhor do que o negro, na Academia Militar vários negros formaram-se comigo, alguns abaixo de mim e outros acima de mim; para que cotas?[32]

Confrontado, na sequência, pela jornalista Maria Cristina Fernandes, do *Valor Econômico*, sobre a dívida que a sociedade brasileira teria

---

31. A canção *Senzala e Favela*, composta pelo baterista Wilson das Neves, ganhou uma interpretação de Chico Buarque e Emicida, em 2023. A faixa faz parte do álbum homônimo, póstumo, que homenageia o lendário músico, falecido em 2017, dias antes da previsão da gravação desse disco.
32. Jair Bolsonaro, *Roda Viva*, TV Cultura, 30 jul. 2018.

em relação aos afrodescendentes, declarou, do alto de seus coturnos: "Dívida histórica? Eu nunca escravizei ninguém na minha vida". Em seguida, culpou os próprios africanos pelo tráfico de escravos para o Brasil, na época da Colônia, desresponsabilizando os colonizadores: "O português nem pisava na África, eram os negros que entregavam os escravos"[33]. Aqui, aliam-se ignorância e má-fé.

No entanto, suas investidas contra os negros já se manifestavam antes, como na palestra proferida no Clube Hebraica do Rio de Janeiro, em abril de 2017. Bolsonaro declara que, caso eleito presidente, "não vai ter um centímetro demarcado para reserva indígena ou para quilombola". E, nesse mesmo contexto, acrescenta:

Fui num quilombo. O afrodescendente mais leve lá pesava sete arrobas. Não fazem nada. Eu acho que nem para procriador ele serve mais. Mais de um bilhão de reais por ano é gasto com eles[34].

O desrespeito, a ofensa, a abjeta truculência que equipara seres humanos a animais permaneceu impune, malgrado o processo movido contra o então candidato à presidência por crime de racismo. Avalia-se que haja mais de seis mil territórios quilombolas no país, onde vivem cerca de três milhões de famílias. A direção da Coordenação Nacional de Articulação das Comunidades Negras Quilombolas confirma aquilo que todos pudemos constatar: o governo Bolsonaro cumpriu fielmente o que prometeu na campanha[35].

No entanto, depois de eleito, a coisa previsivelmente piora: o recém-empossado mandatário tomou várias medidas extremamente le-

---

33. Jair Bolsonaro, *apud* Géssica Brandino Gonçalves, "Portugueses nem pisaram na África, diz Bolsonaro sobre Escravidão", *Folha de S. Paulo*, 31 jul. 2018.

34. Jair Bolsonaro, Conferência na Hebraica, 2017. O vídeo integral está disponível no YouTube sob o título *Deputado Jair Bolsonaro diz que quilombolas não servem nem mesmo para procriar*.

35. Hugo Marques, "Governo Bolsonaro sepulta de vez regularização de terras de quilombolas", *Veja*, 9 jan. 2022.

sivas à causa da negritude, como a nomeação, como presidente para a Fundação Zumbi de Palmares, de Sérgio Camargo, um negro que, paradoxalmente[36], se põe contra o movimento negro e cujo objetivo máximo parecia ser o desmonte da entidade que presidia. São muitas as suas declarações extremamente ofensivas e lesivas à causa negra, desde classificar o movimento negro como "escória maldita", "bando de vagabundos", a chamar mãe de santo de "macumbeira", ou dizer que Zumbi era um "filho da puta que escravizava pretos", até considerar a escravidão "benéfica para os descendentes". Também é conhecida sua promessa de botar na rua diretores da autarquia que não tivessem como objetivo a demissão de um "esquerdista"[37]. Contra as cotas raciais, à semelhança do chefe no Planalto, negava a existência de racismo no Brasil, considerando o Dia da Consciência Negra, celebrado em 20 de novembro, "uma data da qual a esquerda se apropriou para propagar vitimismo e ressentimento racial".

Creio que importa dizer que aqui limitei o inventário da destruição efetivada pelo governo Bolsonaro ao recorte do racismo estrutural (citando também muito rapidamente o genocídio indígena), uma vez que numa análise/interpretação de uma letra de canção tematizando produções culturais do legado afro-brasileiro não caberia (em todos os sentidos) o registo da sua ação deletéria em outras esferas como a da Educação, da Cultura, dos Direitos Humanos em geral, do Meio Ambiente, da pauta de costumes (com o consequente incremento da homofobia, da misoginia, da aporofobia), com o desmantelamento de instituições da sociedade civil, com a criação do Gabinete do Ódio, o reinado da mentira como estratégia de governo etc. etc.

---

36. É o mesmo "paradoxo" que o da nomeação de um antiambientalista como ministro do Meio Ambiente, um antipovos indígenas como presidente da Funai: exemplos paradigmáticos da "demência" referida em *Que Tal um Samba?* Mas sabemos que essa loucura tinha lógica: a proposta de destruir *a partir de dentro* esses órgãos, a estratégia do desmonte.

37. Estadão Conteúdo, "Presidente da Fundação Palmares: Movimento Negro é 'escória maldita'. Ouça", *Metrópoles*¸ 2 jun. 2020.

Muito coerentemente, o entrevistado defendeu, no programa *Roda Viva* acima referido, o coronel Carlos Alberto Brilhante Ustra, notório torturador. Sabe-se que a prática da tortura, tão difundida no Brasil, e não apenas no Brasil da ditadura, tem a ver com os costumes dos senhores de escravos, relativamente aos que lhes eram submetidos, no Brasil Colônia[38].

Por isso, e "depois de tanta derrota", é que eu gostaria de terminar essa abordagem de *Que Tal um Samba?* com o convite a um descarrego, todos nós necessitados de limparmos as energias pesadas:

Cair no mar, lavar a alma
Tomar um banho de sal grosso, que tal?

E, claro, endossando o convite a "puxar um samba".

---

38. Para ficarmos no universo de Chico Buarque, cf. a canção *Sinhá* (2011), composta em parceria com João Bosco, e cuja análise se encontra entre as pp. 83 e 100 deste livro.

7
Canções para o MST

LEVANTADOS DO CHÃO

Do chão sabemos que se levantam as searas e as árvores, levantam-se os animais que correm os campos ou voam por cima deles, levantam-se os homens e as suas esperanças. Também do chão pode levantar-se um livro, como uma espiga de trigo ou uma flor brava. Ou uma ave[1].

Também do chão pode levantar-se uma canção, eu diria parodiando Saramago, uma canção que diga da falta de chão, da falta de terra para quem dela viveria, da sua carência, do oco e do desarrazoado que isso representa. É esse o assunto de *Levantados do Chão*[2], canção que tematiza os Sem-Terra e que integra o CD que acompanha o livro *Terra*, de fotografias de Sebastião Salgado[3]. Esse livro foi lançado no primeiro aniversário do massacre de integrantes do Movimento dos Trabalhadores Rurais Sem-Terra, em 17 de abril de 1996, no município de Eldorado do Carajás, no sul do Pará, decorrente da ação da polícia daquele Estado. Os recursos

1. José Saramago, na contracapa do seu livro *Levantado do Chão*, São Paulo, Bertrand Brasil, 1993.
2. Chico Buarque e Milton Nascimento, *Levantados do Chão*, 1997. CD TERRA, faixa 3.
3. Sebastião Salgado, *Terra*. Introdução de José Saramago, versos de Chico Buarque. São Paulo, Companhia das Letras, 1997.

obtidos com as vendas das fotos de Sebastião Salgado e do livro *Terra* foram utilizados para a construção da Escola Nacional Florestan Fernandes, em Guararema, interior de São Paulo, inaugurada em janeiro de 2005[4].

Eis a canção:

Como então? Desgarrados da terra?
Como assim? Levantados do chão?
Como embaixo dos pés uma terra
Como água escorrendo da mão
Como em sonhos correr numa estrada
Deslizando no mesmo lugar
Como em sonho perder a passada
E no oco da terra tombar

Como então? Desgarrados da terra?
Como assim? Levantados do chão?
Ou na planta dos pés uma terra
Como água na palma da mão

Habitar uma lama sem fundo
Como em cama de pó se deitar
Num balanço de rede sem rede
Ver o mundo de pernas pro ar.

Como assim? Levitante colono?
Pasto aéreo? Celeste curral?
Um rebanho nas nuvens? Mas como?
Boi alado? Alazão sideral?

---

4. https://www.amigosenff.org.br/uma-escola-em-construcao/.

Que esquisita lavoura! Mas como?
Um arado no espaço? Será?
Choverá que laranja? Que pomo?
Gomo? Sumo? Granizo? Maná?

Estruturada formalmente por interrogações reiteradas, que expressam velada indignação e recusa, a letra dessa canção coloca em sua radicalidade a questão do desraigamento, do desenraizamento, do desassentamento – e do seu absurdo. Há que se meditar sobre o valor afetivo de uma entonação interrogativa. Perguntar é estranhar, recusar, impugnar: é questionar. É não aceitar algo como um dado de fato.

O estranhamento sustentado se decompõe em perguntas – calmas invectivas – que vão do acúmulo de advérbios interrogativos ("Como então?"; "Como assim?"; "Mas como?"), passando pela aposição de frases nominais interrogativas ("Desgarrados da terra?"; "Levantados do chão?") à sequência final de termos isolados que, escandidos pelo sinal de interrogação, apontam para o seu avesso ("Gomo? Sumo? Granizo? Maná?"). No entanto, se o tom é quase meditativo –

Como embaixo dos pés uma terra
Como água escorrendo da mão

–, a emoção não é menos contida, engendrando frases escandidas, curtas, numa gradação de compassada ironia.

Num único caso – "Que esquisita lavoura!" – sobrepõe-se à interrogação a exclamação, apontando para a sua origem comum: *ironia*. Com efeito, é essa a figura de estilo dominante nessa canção. E todos sabemos o quanto a ironia é linguagem da denúncia e da não adesão, é a linguagem da resistência. Ironia: do grego *eironein* = ação de interrogar, fingindo ignorância, ou que diz menos do que aquilo que se pensa. Forma privilegiada do exercício da crítica social, no avesso da duplicação das ideologias dominantes, a ironia é arma de combate. Nessa "ação de interrogar, fingindo ignorância", chega-se, inevitavelmente, ao cômico de algumas imagens, concentradas sobretudo nas duas últimas estrofes: "levitante colono", "celeste curral", "rebanho nas nuvens", "boi alado", "alazão sideral" – todas remetendo a essa situação anômala da falta de chão.

Da mesma maneira que os sem-terra são seres humanos definidos pela negativa, nomeados por aquilo de que carecem fundamentalmente, nessa canção a terra e/ou o chão, quando comparecem, estão sempre acoplados a algo que os nega: "desgarrados" da terra, "levantados" do chão, terra "como água escorrendo", "oco" da terra, lama "sem fundo". O termo, presente nominalmente, é negado, desvirtuado: o que sobressai é sua ausência, a falta, a privação.

Penso nos filósofos pré-socráticos, em sua classificação dos elementos primordiais do Universo: terra, água, ar e fogo. Pois bem, nesse texto sobre a falta da TERRA, as demais matérias fundamentais vão, perversamente, assumir o seu lugar, substituindo-a. É assim que, por volta da metade da canção, as imagens falarão de ÁGUA em vez de terra ("Como água escorrendo da mão"; "Como água na palma da mão"); mas, depois de uma transição em que a água se mistura à terra ("lama sem fundo"), passa-se ao AR. A partir da quarta estrofe, instaura-se esse elemento, também inicialmente misturado à terra faltante, em forma de pó: "Como em cama de pó se deitar". A falta de apoio, de concretude, de solidez, de fundamento – que só a terra, a mais concreta e única sólida dentre as matérias fundamentais, poderia propiciar – regerá a orquestração das imagens, até o fim da canção. É importante observar-se que já antes o AR estava presente, através da alusão à queda no "oco da terra" (verso 8). Mas será sobretudo a partir do verso 15 que, à falta da terra, o AR se imporá como imagética[5] fundamental. E aí se desdobrarão as metáforas que traduzem a carência aguda, absoluta, de qualquer fundamento sólido:

---

5. É evidente que aludo aqui a Gaston Bachelard e a seus estudos sobre a imaginação poética, regida pelos quatro elementos fundamentais.

Num balanço de rede sem rede
Ver o mundo de pernas pro ar.

A imagem é rica e condensada: não só porque diz da ausência de solidez, da falta de apoio, mas porque, num outro plano, alude à falta de fundamento ético para a situação, configurando um mundo "de pernas pro ar", mundo às avessas, dolorosamente anômalo, aético, injusto. E a partir daí, mais precisamente do verso 17 em diante, se desatará a ironia:

Como assim? Levitante colono?
Pasto aéreo? Celeste curral?
Um rebanho nas nuvens? Mas como?
Boi alado? Alazão sideral?

Que esquisita lavoura! Mas como?
Um arado no espaço? Será?
Choverá que laranja? Que pomo?
Gomo? Sumo? Granizo? Maná?

Anomalia, desacerto, desconcerto. O homem que trabalha na terra não tem terra. O desajuste da sociedade se revela no nível da linguagem, contamina as palavras, leva à incongruência das imagens, que remetem ao absurdo: "boi alado", "levitante colono", "rebanho nas nuvens"[6]. Tudo se resumindo nessa "esquisita lavoura".

6. Cf. o título de um dos livros de Drummond, *Fazendeiros do Ar*, em *Poesia e Prosa*, Rio de Janeiro, Nova Aguilar, 1988. De fato, importa observar que esse *topos* do ar substituindo a terra, quando se trata de propriedades rurais, tem uma tradição na literatura brasileira, que remonta a Carlos Drummond de Andrade (mas, aqui, de uma outra ótica). Perguntado de onde vem o título *Fazendeiros do Ar* para um de seus livros, eis a resposta que ele dá: "Os meus antepassados, inclusive meu bisavô, meu avô e meu pai, foram todos fazendeiros de Minas: quando chegou a minha vez, a fazenda havia acabado. Assim, sem terra, considero-me fazendeiro do ar... daí o título" (*apud* Afrânio Coutinho (dir.) e Sônia Brayner (sel.), *Fortuna Crítica de Carlos Drummond de Andrade*, 2. ed., Rio de Janeiro, Civilização Brasileira, 1978).

O desenraizamento fere fundo: as imagens todas se reportarão à ausência de chão. A falta de terra para o homem do campo – que implica uma realidade econômica, social e política, remetendo ao imperativo da Reforma Agrária , diz respeito também a uma necessidade metafísica do ser humano. Guimarães Rosa – explícita referência de Chico Buarque ao tratar dos Sem-Terra numa outra canção, *Assentamento*, que integrará o mesmo CD TERRA – o telúrico Guimarães Rosa cita como epígrafe de seu *No Urubuquaquá, no Pinhém*, um texto de Plotino:

O melhor, sem dúvida, é escutar Platão: é preciso – diz ele – que haja no Universo um sólido que seja resistente; é por isso que a terra está situada no centro, como uma ponte sobre o abismo; ela oferece um solo firme a quem sobre ela caminha, e os animais que estão em sua superfície dela tiram necessariamente uma solidez semelhante à sua[7].

É dessa solidez que é espoliado o Sem-Terra.

Mas, saindo do mundo metafísico, voltemos à concretude do problema agrário brasileiro, figurado em *Levantados do Chão*. A partir do verso 17, mais precisamente de "levitante colono", quando se aguça o modo irônico, uma aceleração se imporá. No trecho final, cada termo isolado será acompanhado do seu respectivo sinal de interrogação, escandindo a frase:

[...] Que pomo?
Gomo? Sumo? Granizo? Maná?

Com maná – alusão ao alimento caído dos céus e não germinado da terra, fruto do trabalho do homem – a inversão irônica está completa.

Falei que essa canção que tematiza a terra, ou melhor, a sua falta, opera com os elementos primordiais do Universo, as matérias fundamentais: a terra, presente mesmo por sua ausência; a água e o ar, que perversamente ocupam o seu lugar. E o fogo? Saindo do universo dos

---

7. João Guimarães Rosa, *No Urubuquaquá, no Pinhém*, Rio de Janeiro, Livraria José Olympio Editora, 1965.

filósofos pré-socráticos e caindo na realidade dura e crua dos assassinatos por conflitos de terra[8], do massacre em Eldorado dos Carajás, dos conflitos no Pontal do Paranapanema, dos grileiros e ruralistas, da UDR (União Democrática Ruralista), do agronegócio, da bancada de parlamentares ruralistas, dos agrotóxicos espalhados pelo meio ambiente, das ameaças que pairam, sinistras, a cada iniciativa de ocupação de fazendas improdutivas pelos Sem-Terra e do susto suspenso com que a cada dia abrimos os jornais, o fogo, num trocadilho de mau gosto, mas dolorosamente na linha dum horizonte possível e temido, o fogo é o risco.

Finalmente, algo que ficou faltando nessa análise da letra de *Levantados do Chão*: as duas referências oníricas da estrofe 2, falando de esforço baldado e impotência – e que remetem a sonhos recorrentes de angústia, ou melhor, ao pesadelo no qual não se consegue avançar, ou em que se cai, num tombo abissal:

Como em sonho correr numa estrada
Deslizando num mesmo lugar
Como em sonho perder a passada
E no oco da terra tombar.

A geração que tinha por volta de vinte anos na década de 1960, quando empunhava com paixão e veemência a bandeira da Reforma Agrária, identifica-se sobremaneira com esse pesadelo de paralisia e impotência. Será que também na geração dos nossos filhos o Brasil vai "perder a passada"?

8.   "Em 2022, foram registradas 2018 ocorrências de conflitos no campo, que envolveram 909 450 pessoas, números inferiores apenas aos do ano de 2020. As ocorrências de conflitos incluem as ações de violência contra os povos do campo e as ações de resistência empreendidas por estes mesmos povos (ocupações/retomadas e acampamentos). Do total de ocorrências neste ano, 1.946, ou seja, 96,4%, são de ações violentas contra essas comunidades e seus integrantes. Mais uma vez, temos um número estarrecedor de assassinatos em conflitos: 47 pessoas perderam a vida" (*Conflitos no Campo Brasil 2022*, Goiânia, Centro de Documentação Dom Tomás Balduino, Comissão Pastoral da Terra – CPT, 2023). Disponível em: https://www.cptnacional.org.br/downlods?task=download.send&id=14302&catid=41&m=0.

Ocupação da Fazenda Giacometti, Paraná. © Sebastião Salgado.

* * *

Assentamento

No entanto, não é só a crítica modulada em ironia e perplexidade que traduz resistência e recusa da realidade desencantada. É assim que em outra canção composta para o MST, de 1997, intitulada *Assentamento*, presente no mesmo CD que acompanha o livro *Terra*, Chico Buarque assume outra postura. Aqui vemos também, em relação a *Levantados do Chão*, uma ampliação do que seriam os objetivos do MST, para além do lema inicial da "terra para quem não tem terra para trabalhar".

Vamos à canção:

Quando eu morrer, que me enterrem
Na beira do chapadão

Contente com minha terra
Cansado de tanta guerra
Crescido de coração (Tôo – Guimarães Rosa)

Zanza daqui
Zanza pra acolá
Fim de feira, periferia afora
A cidade não mora mais em mim
Francisco, Serafim
Vamos embora
Embora

Ver o capim
Ver o baobá
Vamos ver a campina quando flora
A piracema, rios contravim
Binho, Bel, Bia, Quim
vamos embora

Quando eu morrer
Cansado de guerra
Morro de bem
Com a minha terra:
Cana, caqui, inhame, abóbora
Onde só vento se semeava outrora
Amplidão, nação, sertão sem fim
Ó Manuel, Miguilim vamos embora.

De fato, em *Assentamento* alude-se não somente ao clima de "fim de feira" dos acampamentos do Movimento dos Trabalhadores Rurais Sem-Terra, com a precariedade das barracas de lona preta e das tendas "periferia afora", mas capta-se esse movimento de marcha, de deslocamento, de itinerância que tanto caracteriza o MST:

"Terra". © Sebastião Salgado.

CHICO BUARQUE OU A POESIA RESISTENTE

Zanza daqui
Zanza pra acolá
Fim de feira, periferia afora
A cidade não mora mais em mim
Francisco, Serafim
Vamos embora.

Desenraizados, os Sem-Terra se manifestam com a marcha, linguagem gestual daqueles que querem se *assentar*. Novos peregrinos, com suas marchas não somente criam um fato necessariamente jornalístico, que os mostra à nação e ao mundo, mas, avançando no espaço, conquistam simbolicamente com os pés uma terra que eles reivindicam. Marcam-na com seus passos, corporalmente. Surge uma faísca desse encontro paradoxal entre a característica básica do homem do campo, agricultor, aquele que se enraíza na terra, oposto ao nômade – os povos agricultores são povos sedentários – e a manifestação privilegiada dos que reivindicam a terra. Há uma mística da marcha no Movimento dos Sem-Terra, mística do Êxodo:

Vamos embora!

"Nas lutas mais generosas da humanidade, sempre houve caminhadas massivas e longas. É um gesto coletivo já histórico", diz João Pedro Stedile, uma das lideranças que fundaram e dirigem o MST[9]. Não são, no

9. "O sentido da caminhada não é uma coisa nova nem é ideia original do MST, nem das organizações camponesas ou dos trabalhadores. Estudando a história dos povos, percebemos que sempre existiram exemplos de caminhadas. Nas lutas mais generosas da humanidade, sempre houve caminhadas massivas e longas. É um gesto coletivo já histórico. [...] Tem a caminhada de Moisés, a de Gandhi rumo ao mar para salvar o sal dos hindus, a de Mao Tsé-Tung. Há caminhadas em todos os períodos da história. O povo judeu também caminhou muito durante a Segunda Guerra Mundial, nas migrações que fez para fugir do nazismo. A luta de resistência dos povos indígenas, nos Estados Unidos, é uma espécie de caminhada. O povo guatemalteco tem caminhadas famosas. A Revolução Mexicana foi feita praticamente a pé [...]" (João Pedro Stedile e Bernardo

Marcha dos camponeses na Fazenda Cuiabá, Sergipe, 1996. © Sebastião Salgado.

entanto, marchas só de manifestação, como se fossem passeatas: muitas vezes, o objetivo é de ocupação de uma terra não produtiva. E as ocupações mostram ao país, na prática, o postulado constitucional da função social da terra.

E se é verdade que nas canções mais recentes, ou melhor, dos anos 1990 em diante, Chico não trata mais do "dia que virá", e, como todos nós, se ressente duramente da crise das utopias e da atmosfera de desalento, de aceitação pragmática das estruturas de poder e da desmobilização da sociedade, que é a doença da pós-modernidade a ameaçar as novas gerações, no entanto, aqui se canta a possibilidade de

Mançano Fernandes, *Brava Gente – A Trajetória do MST e a Luta pela Terra no Brasil*, São Paulo, Editora Fundação Perseu Abramo, 1996, pp. 149-150). Agradeço essa referência a Thomaz Ferreira Jensen, a quem sou grata também por ter feito uma leitura cúmplice deste texto, com enriquecedoras sugestões.

Ver o capim
Ver o baobá
[...] ver a campina quando flora
A piracema, rios contravim

– o que diz respeito a um movimento de preservação ambiental e de prática da agroecologia, para além da produção de alimento: defesa da natureza, do reflorestamento, das águas. Não por acaso, a canção fala da piracema, que é o movimento migratório de peixes no sentido das nascentes dos rios, com fins de reprodução. Um movimento contra a corrente ("rios contravim") – com todo o peso simbólico que isso possa ter. E não nos esqueçamos: com fins de reproduzir-se.

Mas também a canção fala – como não poderia deixar de ser – em

Cana, caqui, inhame, abóbora
Onde só vento se semeava outrora

– uma bela imagem que mostra o contraste com uma eventual situação anterior, de terra improdutiva. No entanto, "semeia-se" muita coisa em lugar do vento. O MST é um produtor de alimentos orgânicos, mas sua atuação vai muito além da luta por dar terra a quem não tem terra. Inclui, como já dito, a agroecologia, a proteção das águas, da biodiversidade, dos ecossistemas, das sementes; a utilização dos saberes tradicionais, a batalha contra os agrotóxicos, contra os latifúndios e corporações transnacionais; a implantação de agroindústrias e cooperativas; e um cuidado com o estudo, com a educação nos seus vários níveis. Efetivamente, desde as escolas para crianças nos acampamentos e a formação de educadoras e educadores, até a Escola Nacional Florestan Fernandes, em Guararema (um centro de formação política para a militância), patenteia-se a consciência do Movimento como lugar de formação do sujeito social. O estudo é uma das linhas de força do MST[10].

10. https://mst.org.br/educacao/

Não se trata mais de uma "utopia"; é um projeto em curso, é ação sendo realizada. E que não é aposta em algo a ser outorgado de baixo para cima, que cairá dos céus (o "maná" aludido e ironizado em *Levantados do Chão*), mas fruto de luta aguerrida, que não é escamoteada:

Quando eu morrer,
Cansado de guerra,
Morro de bem
Com a minha terra

– versos que retomam e ressoam teluricamente a epígrafe da canção:

Quando eu morrer, que me enterrem
Na beira do chapadão
Contente com minha terra
Cansado de tanta guerra
Crescido de coração[11].

É como se somente *cansado de guerra* se pudesse estar *de bem com a (sua) terra:* os que estavam "levantados do chão" terão conquistado seu "assentamento". "Crescidos de coração."

* * *

FANTASIA

Uma terceira canção, agregada ao CD do livro *Terra*, mas composta por Chico Buarque bem antes (saiu no disco VIDA, de 1980), é *Fantasia*[12]:

E se, de repente
A gente não sentisse

11. João Guimarães Rosa, "Barra da Vaca" (epígrafe), *Tutameia (Terceiras Estórias)*, Rio de Janeiro, Livraria José Olympio Editora, 1967, p. 27.
12. Chico Buarque, *Fantasia*, do CD TERRA, 1997.

A dor que a gente finge
E sente
Se, de repente
A gente distraísse
O ferro do suplício
Ao som de uma canção
Então, eu te convidaria
Pra uma fantasia
Do meu violão

Canta, canta uma esperança
Canta, canta uma alegria
Canta mais
Revirando a noite
Revelando o dia
Noite e dia, noite e dia

Canta a canção do homem
Canta a canção da vida
Canta mais
Trabalhando a terra
Entornando o vinho
Canta, canta, canta, canta

Canta a canção do gozo
Canta a canção da graça
Canta mais
Preparando a tinta
Enfeitando a praça
Canta, canta, canta, canta

Canta a canção de glória
Canta a santa melodia
Canta mais
Revirando a noite

Revelando o dia

Noite e dia, noite e dia.

Essa canção é perfeitamente adequada enquanto peça alusiva ao Movimento dos Sem-Terra, na sua vertente utópica, nomeando, literalmente, a "esperança", de que andamos todos tão carecidos – ainda que, inicialmente, é verdade, sob o signo de uma "fantasia". Parte-se de uma situação de dor[13] e de, literalmente, "suplício" dos primeiros versos e abre-se a uma segunda parte, de esperança e festa, um canto envolvente, que vai num crescendo e desemboca num "dia" que se revela e nos arrebata, e nos alimenta a utopia.

Retomemos a primeira parte da canção, que apresenta a situação de dor a ser "distraída" com a canção:

E, se de repente

A gente não sentisse

A dor que a gente finge

E sente

Se, de repente

A gente distraísse

O ferro do suplício

Ao som de uma canção

Então eu te convidaria

Pra uma fantasia

Do meu violão.

Essa metáfora de "violão", que tem como variante "canção", representa o mesmo *topos*, na poética de Chico Buarque, do "samba", do "Carnaval", da "banda" – elementos todos equivalentes, aptos a

---

13. Numa alusão evidente a Fernando Pessoa: "O poeta é o fingidor / Finge tão completamente / Que chega a fingir que é dor / A dor que deveras sente" ("Autopsicografia", *Poesias*, Lisboa, Ática, 1942, p. 235).

MST. Festa. Fonte: mst.org.br.

resgatar a opressão e a tristeza, com a instauração de uma situação de esperança e alegria – o que filiaria essa canção à vertente das canções utópicas. Mas o que se passa é que o desdobramento da "fantasia" do violão do poeta vai num crescendo e se encorpando, eu diria que como que se autonomizando, e a segunda parte do texto fala em se "revelar o dia":

> Trabalhando a terra
> Entornando o vinho
> [...]
> Revirando a noite
> Revelando o dia.

Não se trata mais de uma "fantasia", é realidade que se toca com as mãos: o futuro, a gente o constrói. A canção nos arrastou à utopia com tal força, que vemos que ela se concretiza.

Retomemos a segunda parte da canção, na sequência:

Canta, canta uma esperança
Canta, canta uma alegria
Canta mais
Revirando a noite
Revelando o dia
Noite e dia, noite e dia

Canta a canção do homem
Canta a canção da vida
Canta mais
Trabalhando a terra
Entornando o vinho
Canta, canta, canta, canta

Canta a canção do gozo
Canta a canção da graça
Canta mais
Preparando a tinta
Enfeitando a praça
Canta, canta, canta, canta

Canta a canção de glória
Canta a santa melodia
Canta mais
Revirando a noite
Revelando o dia
Noite e dia, noite e dia.

A proposta de cantar a canção do homem, de cantar a canção da vida, "trabalhando a terra / entornando o vinho", mostra a situação do trabalho associado ao prazer ("canta a canção do gozo") e à beleza ("preparando a tinta / enfeitando a praça"). Não poderia faltar aqui a "praça" ("A praça

[que] é do povo / como o céu é do condor"[14]), lugar de convivência e congraçamento – e também de reivindicação.

E é curioso, porque a força do canto – que ao longo da canção logo se transformará de individual em canto coral, metáfora de uma comunhão de destinos – envolve de tal jeito que nos esquecemos que isso era só uma fantasia do violão. O canto como que redime a situação de dor e instaura, sim, um novo tempo, "revirando a noite / revelando o dia", e em que, no trabalho e na festa ("trabalhando a terra / entornando o vinho"), com as vozes de muitos, os assobios, as palmas, nessa grande celebração comunitária, canta-se, numa gradação, a "canção do homem", a "canção da vida", a "canção do gozo", a "canção da graça", a "canção de glória", chegando até à "santa melodia", num crescendo. Há acentos utópicos e quase messiânicos.

* * *

Pois bem, é interessantíssimo que essa canção apresente algumas instigantes familiaridades com um texto de Antonio Candido, intitulado "Martírio e Redenção", encontrado após sua morte entre seus papéis não publicados, datilografado, "assinado" à máquina de escrever, e com a data escrita manualmente, no seu talhe inconfundível: Abril 2001.

Ei-lo:

Às vezes penso de que maneira pode ser lido hoje, cem anos depois, o clássico final da 1ª. parte d'*Os Sertões*, de Euclides da Cunha:

"O martírio do homem, ali, é o reflexo de tortura maior, mais ampla, abrangendo a economia geral da Vida.

Nasce do martírio secular da terra".

Em nossos dias, o martírio da terra não é apenas a seca do Nordeste. É a devastação predatória de todo o país e é a subordinação da posse do solo à sede imoderada de lucro. Se aquela agride a integridade da Natureza, fonte de vida, esta impede que o trabalhador rural tenha condições de manter com dig-

---

14. Cf. Castro Alves, "O Povo no Poder", de "Poesias Coligidas". *Obra Completa*, Rio de Janeiro, Editora Aguilar, 1960, p. 432.

abril 2001

MARTÍRIO E REDENÇÃO

Às vezes penso de que maneira pode ser lido hoje, cem anos depois, o clássico final da 1a. Parte d'Os sertões, de Euclides da Cunha:

"O martírio do homem, ali, é o reflexo de tortura maior, mais ampla, abrangendo a economia geral da Vida.

Nasce do martírio secular da Terra".

Em nossos dias o martírio da terra não é apenas a Sêca do Nordeste. É a devastação predatória de todo o país e é a subordinação da posse do solo à sêde imoderada de lucro. Se aquela agride a integridade da Natureza, fonte de vida, esta impede que o trabalhador rural tenha condições de manter com dignidade a sua família e de produzir de maneira compensadora para o mercado. Hoje, o martírio do homem rural é a espoliação que o sufoca.

Como consequência, tanto o martírio da terra (ecológico e econômico), quanto o martírio do homem (econômico e social) só podem ser remidos por meio de uma redefinição das relações do homem com a terra, objetivo real do MST. Por isso, ele é iniciativa de redenção humana e promessa de uma era nova, na qual o homem do campo possa desempenhar com plenitude e eficiência o grande papel que lhe cabe na vida social e econômica, porque as lides da lavoura são componente essencial de toda economia saudável em nosso país. Por se ter empenhado nessa grande luta com desprendimento, bravura e êxito o MST merece todo o apoio e a gratidão de todos. Nele palpita o coração do Brasil.

Antonio Candido

Antonio Candido. Fonte: Acervo IEB/USP.

nidade a sua família e de produzir de maneira compensadora para o mercado. Hoje, o martírio do homem rural é a espoliação que o sufoca.

Como consequência, tanto o martírio da terra (ecológico e econômico) quanto o martírio do homem (econômico e social) só podem ser remidos por meio de uma redefinição das relações do homem com a terra, objetivo real do MST. Por isso, ele é iniciativa de redenção humana e promessa de uma era nova, na qual o homem do campo possa desempenhar em plenitude e eficiência o grande papel que lhe cabe na vida social e econômica, porque as lides da lavoura são componente essencial de toda economia saudável em nosso país. Por se ter empenhado nessa grande luta com desprendimento, bravura e êxito, o MST merece todo o apoio e a gratidão de todos. Nele palpita o coração do Brasil.

Antonio Candido.

Como professor, historiador da literatura, crítico literário e pensador e intérprete do Brasil, esse sociólogo-literato, reverente à literatura, nessa pequena obra-prima inédita, endereçada ao MST e que trata das relações do homem com a terra, enceta seu assunto remontando a Euclides da Cunha. De fato, em *Os Sertões*, como todos sabemos, há uma tripartição da obra em "A Terra", "O Homem", "A Luta". E é em "A Terra", de Euclides, que se entronca o texto de Antonio Candido, que começa por sugerir uma atualização da leitura do final da primeira parte de *Os Sertões*, que ele cita textualmente:

O martírio do homem, ali, é o reflexo de tortura maior, mais ampla, abrangendo a economia geral da Vida.

Nasce do martírio secular da terra...[15]

Seria o caso de registrar-se o que para Euclides estaria figurado nesses termos contundentes, "tortura" e "martírio" – tanto do Homem como da Terra: trata-se da ação humana deletéria contra a natureza, o que hoje chamaríamos de agravos antiecológicos.

15. Euclides da Cunha, *Os Sertões – Campanha de Canudos*, ed. crít. Walnice Nogueira Galvão, 2. ed., São Paulo, Ática, 2004, p. 63.

É extremamente interessante ver que Antonio Candido como que mimetiza o polo do qual partira, o texto de *Os Sertões*, e tinge o seu estilo de cores fortes, à maneira de Euclides. Não apenas utiliza, retomando-as, as imagens de "tortura" e "martírio", mas seu próprio estilo ganhará uma vibração euclidiana. Ele se põe a comentar, expandindo-as, aquelas poucas frases com que culmina a Parte I de *Os Sertões* e, assim como Euclides, embarca na antropomorfização da natureza, desdobrando a imagem de uma terra martirizada porque arrasada predatoriamente. Diz Antonio Candido:

Em nossos dias, o martírio da terra não é apenas a seca do Nordeste. É a devastação predatória por todo o país e é a subordinação da posse do solo à sede imoderada de lucro.

"Subordinação da posse do solo à sede imoderada de lucro" – incrusta-se aqui, nessa frase enxuta, uma alusão crítica ao uso não social da propriedade. A reflexão de Antonio Candido avança em relação à de Euclides, e se adensa:

Se aquela [a seca] agride a integridade da Natureza, fonte de vida, esta [a sede de lucro] impede que o trabalhador rural tenha condições de manter com dignidade a sua família e de produzir de maneira compensadora para o mercado. Hoje, o martírio do homem rural é a espoliação que o sufoca.

Seria necessário pontuar que aqui se encontra um eco poderoso de *Os Parceiros do Rio Bonito – Estudo Sobre o Caipira Paulista e a Transformação dos seus Meios de Vida*[16], livro de Antonio Candido, publicado em 1964, mas escrito de 1948 a 1954, como tese de doutorado em Ciências Sociais na Faculdade de Filosofia, Ciências e Letras da Universidade de São Paulo. Defendida em 1954, focada nos "meios de vida" do caipira paulista, essa tese implicou um trabalho de campo na zona rural de Bofete, cidade do interior de São Paulo. Nessa pesquisa, Antonio Candido viu aguçada a percepção dos inescapáveis fundamentos econômicos da

---

16. Antonio Candido, *Os Parceiros do Rio Bonito – Estudo Sobre o Caipira Paulista e a Transformação dos seus Meios de Vida*, 11 ed., Rio de Janeiro, Ouro sobre Azul, 2010.

situação do homem do campo, o que o levou à necessidade de, como ele registra, "assumir uma posição em face das condições descritas"[17].

Efetivamente, nas páginas finais desse livro, essa posição é assumida, "voltando-se para *soluções* que limpem o horizonte carregado do homem rústico". E em seguida:

Conclui-se de tudo que, passando do plano propriamente sociológico para o da política e da administração (que o prolongam pelo vínculo da sociologia aplicada), a situação estudada neste livro leva a cogitar no problema da Reforma Agrária[18].

Esse percurso que leva do estudo teórico à necessidade da práxis deve ser pontuado. Foi na Reforma Agrária – bandeira primordial da década de 1960, uma das mais fundamentais "reformas de base" reivindicadas – que desembocou o estudo de Antonio Candido. E, efetivamente, aqui, o sociólogo cede a palavra ao político.

Voltemos ao texto de 2001, "Martírio e Redenção", de onde parti. Aí, Antonio Candido propõe uma possibilidade de *solução* para o "martírio" que ele já nomeara com seu real nome de *espoliação*, mas que poderá ser "remido": seria uma "redefinição das relações do homem com a terra". Vamos ao texto sem paráfrase:

[...] tanto o martírio da terra (ecológico e econômico) quanto o sacrifício do homem (econômico e social) só podem ser remidos por meio de uma redefinição das relações do homem com a terra, objetivo real do MST.

E assim ele avança em relação a Euclides da Cunha, do viés social e político. A partir daí, Antonio Candido adquire um tom épico, num texto de crescente emoção, imantado pela utopia:

Por isso, ele [o MST] é iniciativa de redenção humana e promessa de uma era nova, na qual o homem do campo possa desempenhar com plenitude e efi-

---

17. *Idem*, pp. 11-12.
18. *Idem*, p. 257.

ciência o grande papel que lhe cabe na vida social e econômica, porque as lides da lavoura são componente essencial de toda economia saudável em nosso país.

A linguagem, desde a escolha vocabular, quase que resvala para uma esfera religiosa: na sequência de "martírio", anteriormente usado (que, reitero, foi buscado em Euclides), virá "redenção" e "promessa de uma era nova". Como não nos lembrarmos dos versos de *Fantasia*, de Chico, que partem da "dor" e do "ferro do suplício" da primeira parte da canção e que, na segunda, propõem-se a cantar "a canção do homem", a "canção da vida", a "canção do gozo", a "canção da graça", a "canção de glória", a "santa melodia"?

Voltemos ao texto de Antonio Candido, ao seu final, em que "redenção" seria fruto de uma ação *humana* militante:

Por se ter empenhado nessa grande luta com desprendimento, bravura e êxito, o MST merece todo o apoio e a gratidão de todos. Nele palpita o coração do Brasil.

Ambos referidos ao MST, o texto emocionado de Antonio Candido se irmana ao canto generoso de Chico Buarque:

Revirando a noite
Revelando o dia[19].

19. Num desdobramento do que poderia ser concretamente esse "revirando a noite / revelando o dia" dessa canção aferida ao MST, ou no sentido de tornar mais palpável essa utopia no rumo da concretização, seria importante recorrer à "Carta Aberta de Compromisso do MST com o Povo Brasileiro", recém-lançada no bojo das comemorações dos quarenta anos do movimento, em 27 de janeiro de 2024. Começando com a afirmação de sua ancestralidade indígena, africana e camponesa, e terminando com o compromisso de combater a crise climática, essa carta declara, no seu miolo: "Nos reunimos para celebrar a conquista da terra. Somos 450 mil famílias assentadas e mais de 65 mil famílias acampadas. Nos territórios libertados das cercas da ignorância e da miséria, organizamos centenas de cooperativas, agroindústrias e escolas do campo. Celebramos a dignidade dos que agora produzem alimentos e protegem a casa comum, nossa mãe Terra. […] A Reforma Agrária é uma ação estruturante e estratégica para combater diversas mazelas econômicas e sociais em nosso país, como a destruição da natureza, o desmatamento e o garimpo ilegal, a fome que assola a vida de milhões de pessoas, a concentração da renda e poder […]".

8
Tempo e Artista

No diapasão das composições de Chico Buarque na MPB, ocupa um singular espaço o *tempo* – tematizado e/ou figurado em concretude sonora. No arco que se desdobra de meados da década de 1960 até a contemporaneidade, esse tema sofrerá ricas modulações. Uma abordagem comparativa de canções suas de diferentes épocas, a saber, dos vinte, dos quarenta e dos cinquenta e mais anos de idade, revelaria significativas mudanças. Apenas aludirei muito rapidamente a elas, no entanto, para deter-me mais demoradamente na canção que, trazendo o tempo embutido em seu título, figura-o por excelência: *Tempo e Artista*.

Importa iniciar com a paradigmática canção da década de 1960 (mais precisamente, de 1967, quando Chico tinha 23 anos) e que não por acaso se chama *Roda Viva*[1], onde o tempo é algo que dispersa, agita e destrói; é o tempo/vento, lufada impetuosa que tudo leva "pra lá". Vejamos algumas de suas estrofes:

Tem dias que a gente se sente
Como quem partiu ou morreu
A gente estancou de repente
Ou foi o mundo então que cresceu

---

1. Chico Buarque, *Roda Viva*, do álbum CHICO BUARQUE DE HOLLANDA – vol. III, 1968.

[...]
A gente quer ter voz ativa
No nosso destino mandar
Mas eis que chega a roda viva
E carrega o destino pra lá
[...]
Roda mundo, roda-gigante
Rodamoinho, roda pião
O tempo rodou num instante
Nas voltas do meu coração
[...]
Faz tempo que a gente cultiva
A mais linda roseira que há
Mas eis que chega a roda viva
E carrega a roseira pra lá

A roda da saia, a mulata
Não quer mais rodar, não senhor
Não posso fazer serenata
A roda de samba acabou

A gente toma a iniciativa
Viola na rua, a cantar
Mas eis que chega a roda viva
E carrega a viola pra lá

O samba, a viola, a roseira
Um dia a fogueira queimou
Foi tudo ilusão passageira
Que a brisa primeira levou

No peito a saudade cativa
Faz força pro tempo parar

Mas eis que chega a roda viva
E carrega a saudade pra lá
[...]

Aqui se trata de um tempo destruidor, que tudo acaba e que destrói até a tentativa de retenção, que é a memória. Do inventário das perdas, precocemente feito por um eu lírico socializado por detrás do pronome indefinido "a gente", constam a roseira (desde sempre, símbolo da efemeridade) que a fogueira (das vaidades?) queimou; a ilusão levada pela brisa; o samba; a saia rodada (e sua dona, a mulata); o tempo... tudo carregado "pra lá". E, pateticamente, até a memória de tudo isso, sob espécie da saudade.

É significativo que a figura desse tempo seja circular: a roda viva, cujo movimento se reproduz na roda gigante, no rodamoinho, na roda de samba; na roda da saia, no giro do relógio (não digital, analógico, estamos na década de 1960!); e também no tempo que roda "nas voltas do meu coração", aludindo ao processo circulatório, que, como o próprio nome indica, tem a ver com círculo. E haveria uma referência não explicitada no termo, mas no tema, à "roda da fortuna", que é uma "roda-gigante" que chega e "carrega o destino pra lá".

Seria importante observar que toda essa imagem circular presente na metáfora da roda viva é antes da espiral do que do círculo – quase que o movimento espiralado de um ciclone, não aludindo a um eventual retorno que a roda implicaria, mas indiciando apenas perda, afastamento, dispersão, destruição: o redemunho, avatar místico (ou diabólico)[2] do rodamoinho.

Essa canção poderia ser confrontada com uma de 2011, completamente diferente, toda construída no registro da ironia leve e quase debochada com que tematiza o tempo, pela aposição conflitiva de duas

---

2. Cf. o *leitmotiv* do *Grande Sertão: Veredas*, de Guimarães Rosa: "O diabo na rua, no meio do redemunho..."

personagens que vivem situações opostas, que vivem *tempos* diferentes. Trata-se de *Essa Pequena*:

Meu tempo é curto, o tempo dela sobra
Meu cabelo é cinza, o dela é cor de abóbora
Temo que não dure muito a nossa novela, mas
Eu sou tão feliz com ela

Meu dia voa e ela não acorda
Vou até a esquina, ela quer ir pra Flórida
Acho que nem sei direito o que ela fala, mas
Não canso de contemplá-la

Feito avarento, conto os meus minutos
Cada segundo que se esvai
Cuidando dela, que anda noutro mundo
Ela que esbanja suas horas ao vento, ai

Às vezes ela pinta a boca e sai
Fique à vontade, eu digo *take your time*
Sinto que ainda vou penar por essa pequena, mas
O *blues* já valeu a pena[3].

O conflito é detectado através de expressões opostas, relativas, respectivamente, ao eu lírico e à "pequena": tempo curto × tempo que sobra; cabelo cinza × cabelo cor de abóbora; dia que voa × sono prolongado; ir para a esquina × ir para a Flórida (não apenas indiciando a disparidade de projetos, mas, subliminarmente, aludindo um tanto jocosamente à Disneylândia que existe na Flórida). O eu lírico conta os minutos, com a percepção de que cada segundo se esvai, enquanto "ela" esbanja horas ao vento. Não se trata de um encontro de contrários,

---

3.   Chico Buarque, *Essa Pequena*, do álbum CHICO, Sarapuí Produções Artísticas, 2011.

porque as personagens vivem tempos diferentes – *take your time*, diz o eu lírico à menina de cabelos cor de abóbora, e é essa uma expressão para ser aqui tomada na sua literalidade. Trata-se de um tempo muito especificamente dela, não dos dois. E apesar de uma felicidade sob a impressão de um "penar" iminente, tudo parece convergir para o *blues* final – que, esse, sempre valerá a pena.

Pois bem, na canção *Todo Sentimento*[4], outro é o tom, outro é o *pathos*. Abre-se a possibilidade para o tempo pessoal de cada um, denso, moldado pela experiência vivida:

> Preciso não dormir
> Até se consumar
> O tempo
> Da gente
> Preciso conduzir
> Um tempo de te amar
> Te amando devagar
> E urgentemente.

A urgência que convive contraditoriamente com o vagar não seria uma bela síntese do amante maduro?

Mas há mais:

> Um tempo que refaz o que desfez
> Que recolhe todo o sentimento
> E bota no corpo uma outra vez.

Possibilidade de se refazer o que foi desfeito: somente a maturidade poderia abrigar essa dimensão, a da reparação. Aí emerge essa extraordinária formulação para o amor maduro e experimentado, o "tempo da delicadeza":

---

4. Chico Buarque, *Todo Sentimento*, do álbum FRANCISCO, 1987.

Depois de te perder
Te encontro, com certeza,
Talvez num tempo da delicadeza
Onde não diremos nada
Nada aconteceu
Apenas seguirei, como encantado
Ao lado teu.

A canção fala de tempo – que só nas três estrofes acima citadas tem ao menos quatro incidências. Note-se que o "tempo" é aí personalizado, vivido em comunhão (tempo / da gente). Não mais como voragem, vórtice, acarretando destruição e derrelição, aqui o tempo se apresenta na sua dimensão construtora, *poiética*, um tempo que matura, sazona, madura – o vinho e os homens.

E é nessa mesma linha que vai ser abordado o tempo na canção que, por excelência, o tematiza e que, como já referi, em mais de um nível o figura: *Tempo e Artista*, integrante do CD PARATODOS, não por acaso produzido nas proximidades do 50º aniversário de Chico Buarque e uma das mais belas produções da MPB de todos os tempos:

Imagino o artista num anfiteatro
Onde o tempo é a grande estrela
Vejo o tempo obrar a sua arte
Tendo o mesmo artista como tela

Modelando o artista ao seu feitio
O tempo, com seu lápis impreciso
Põe-lhe rugas ao redor da boca
Como contrapesos de um sorriso

Já vestindo a pele do artista
O tempo arrebata-lhe a garganta

O velho cantor subindo ao palco
Apenas abre a voz, e o tempo canta

Dança o tempo sem cessar, montando
O dorso do exausto bailarino
Trêmulo, o ator recita um drama
Que ainda está por ser escrito

No anfiteatro, sob o céu de estrelas
Um concerto eu imagino
Onde, num relance, o tempo alcance a glória
E o artista, o infinito[5].

Trata-se de um caso – paradigmático – em que não se pode separar texto e melodia, sob pena de mutilação. A letra, aqui, desvinculada da música, desgarrada do canto, não dá conta de transmitir a riqueza toda que essa canção carrega. A melodia também, sabemos, é produtora de significado: daí a necessidade de cantar, para que a canção se revele em sua plena medida. No entanto, assumindo as limitações da falta de formação musical, vou abordá-la privilegiadamente enquanto "letra", tentando ser atenta à sua dimensão de *palavra cantada*. Mesmo sem conhecimento musical, há coisas que saltam aos ouvidos – por exemplo, procedimentos que mimetizariam a ideia de um tempo medido, escandido: o caráter recorrente, como pendular, eu diria, da melodia, uma sugestão de um quase que tic-tac de relógio etc.

Tempo e Artista é uma canção que – não fosse esse o seu título – expressa a relação do artista com o tempo: um poema da maturidade que, na obra de Chico Buarque, situa-se de um ângulo totalmente outro ao abordar essa categoria fundante da existência humana – é o

---

5. Chico Buarque, *Tempo e Artista*, do álbum PARATODOS, 1993.

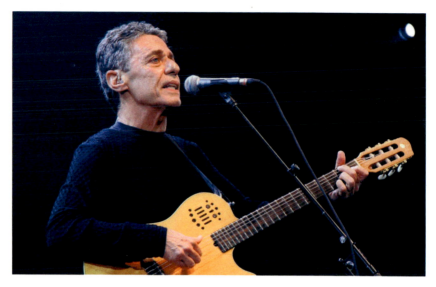

"O velho cantor, subindo ao palco/Apenas abre a voz, e o tempo canta". Foto: Fábio Motta / Agência Estado.

tempo que, identificado à experiência viva do próprio artista, age por ele e nele.

Assumindo o seu papel de artífice, sua potência criadora, é o tempo o artista. Ele é pintor, escultor, cantor, bailarino, dramaturgo, músico. Nas várias artes aqui convocadas, o artista se oferece como suporte para a ação de um outro: apresenta-se como tela, deixa-se modelar, empresta-lhe a garganta, cede-lhe o dorso – é porta-voz.

"Em relação à música, eu sou um autor muito mais passivo do que na literatura. É evidente que sou um músico intuitivo e não sou um escritor intuitivo" – diz Chico Buarque numa entrevista a Augusto Massi[6].

A ideia de "passividade" do artista em relação às instâncias criadoras remete à concepção platônica da inspiração poética, que vê o poeta como um ser *entusi*asmado (de *en* + *theós* = com um deus dentro de si),

---

6. Augusto Massi, "Chico Buarque volta ao samba e rememora 30 anos de carreira", *Folha de S. Paulo*, 9 jan. 1994.

e por cuja boca fala o *daimon*, fala a divindade. Há no artista, no poeta (*poiésis* vem do verbo *poiéo* = fazer) um momento de ação e um momento de deixar agir. E aqui quem age é o tempo; é ele o sujeito (sujeito gramatical) da quase totalidade dos verbos do poema: é a estrela, obra a sua arte, modela o artista, põe rugas, arrebata a garganta do cantor, canta, dança, é o autor do drama; e, finalmente, alcança a glória. Significativo é que, na última estrofe, tempo e artista sejam sujeitos do mesmo verbo: alcançar. O tempo alcança a glória, e o artista, o infinito. Essa superposição de sujeitos leva a uma sorte de identificação entre eles.

Com efeito, trata-se de um engrandecimento do tempo e de sua obra. De um lado, uma espécie de metáfora da maturidade, daquilo que a experiência trama e condensa; de outro, no nível mítico, o tempo se apresenta como imagem divinizada, figuração de um princípio primordial de criação, assemelhando-se ao tempo órfico dos gregos. A cosmogonia órfica conta que na origem havia uma potência primordial, Chronos, o tempo, que engendra um ovo cósmico que, abrindo-se em dois, dará origem ao Céu e à Terra, e faz aparecer Phanes ou Eros[7]. Na "origem de tudo, antes do ovo, está o tempo. Imortal e imperecível, esse tempo sacralizado é o do mito: tempo cíclico, do eterno retorno, em que a eternidade é representada pela serpente que morde a própria cauda"[8] – o que, no poema, é figurado não apenas pelo "eterno retorno" das rimas, das recorrências de sons, de fonemas, de imagens, de ritmo, mas também pela retomada do primeiro verso no final, fechando um ciclo.

De todas as artes, a música é a mais fulcralmente articulada ao tempo. Essa canção traduz a relação muito específica – e muito visceral – que um compositor – que é também poeta e cantor – mantém com o tempo. A música ocorre *no* tempo. É a arte por excelência

---

7. Cf. Pierre Vernant, *Mythe et Pensée ches les Grecs*, Paris, Maspéro, 1966, p. 69; e Louise Bruit Zadman e Pauline Schmitt Pantel, *La Religion Grecque – Dans les Cités à l'Époque Classique*, 2 ed., Paris, Armand Colin, 1991.

8. Cf. Pierre Vernant, *Mythe et Pensée ches les Grecs*, p. 70.

ligada à categoria temporal – enquanto a arquitetura, por exemplo, vincula-se ao espaço. Discriminadas das artes espaciais (arquitetura, escultura, pintura), as artes temporais (música, dança, cinema) falam de sucessão, movimento, sequência, mudança. Assim, não é por acaso que, das cinco estrofes da canção, três digam respeito à música: a última, que apresenta o artista "num concerto"; a estrofe central (e central em mais de um sentido!), em que o tempo veste a pele do artista e arrebata-lhe a garganta; e a primeira estrofe, que não delimita a especificidade do artista, mas circunscreve-o ao campo das artes temporais – literalmente, das artes "em que o tempo é a grande estrela". No entanto, a característica de músico impor-se-á depois que tivermos conhecido a canção toda.

Mas a música (assim como a poesia) não é mera sequência de sons: implica, basicamente, ritmo. É a criação de um sistema, de um mundo, "em que os sons se respondem", para se usar uma imagem baudelariana; um sistema de correspondências, de recorrências, um *universo*. O "ritmo poético", diz Octavio Paz num texto seminal sobre a analogia, "não é senão a manifestação do ritmo universal: tudo se corresponde porque tudo é ritmo"[9].

Ritmo, do grego *rythmós,* significa etimologicamente movimento regular das ondas, movimento das vagas. Daí: movimento regrado e mensurado; medida, cadência. É significativo que esse substantivo grego tenha a mesma raiz de *reo* (= correr), um verbo referido à natureza do curso da água: escoar, passar, fluir. Platão, no *Teeteto,* fala de "todas as coisas passando e sem cessar levadas pelo curso do tempo" – e o verbo que usa é *reo.* Tal etimologia do ritmo, enquanto "movimento regular das ondas", é extremamente expressiva: onda é a água que "corre", mas volta – fluxo e refluxo. Não se trata de uma imagem matemática, de um rígido parâmetro de mensuração "científico", como uma régua, mas de uma metáfora orgânica, dinâmica, do mundo da natureza.

---

9. Octavio Paz, "Analogia y Ironia", *Los Hijos del Limo,* 2. ed., Barcelona, Seix Barral, 1974, p. 133.

CHICO BUARQUE OU A POESIA RESISTENTE

Pois bem, nesse poema o ritmo é muito marcado, e a maneira de cantar intensifica sobremaneira a presença do metro, a existência da mensuração: o canto é feito silabando, dividindo as sílabas poéticas, reafirmando tônicas, marcando a métrica:

I / ma / gi / no o ar / tis / ta
num / an / fi / te / a / tro.

É extremamente significativo que, numa canção sobre o tempo – e a experiência que temos do tempo humano é de fluxo contínuo, infinita deriva, eterno correr –, o poeta necessite segmentá-lo, escandi-lo, mensurá-lo – como para melhor poder administrá-lo, para não se deixar atropelar por ele.

Um jeito de a gente não se deixar engolir pelo tempo-fluxo, não se deixar devorar pelo tempo irreversível que corre incoercivelmente, é segmentá-lo em medidas recorrentes: o ano, o mês, a semana, o dia, a hora, o minuto, o segundo. Segmentar o tempo para não se deixar dominar totalmente por ele. Mas essa não é uma segmentação aleatória: obedece ao ritmo cósmico, ao ritmo dos astros do Universo: um dia (24 horas) é o tempo que a Terra leva para dar um giro em torno do seu próprio eixo (criando o dia e a noite); a semana corresponde a uma das quatro fases da Lua; um ano é o tempo que a Terra leva para revolucionar em torno do Sol, criando as quatro estações etc. etc.

A existência humana, condicionada pelo tempo, encontra-se assim aferida à ordem cósmica. Rotação da Terra, translação do Sol, são os parâmetros que os humanos usam para medir o tempo: critérios astronômicos de medida. A natureza é cíclica: o dia se sucede à noite, o inverno ao verão, os astros têm sua órbita (*orbis* = círculo). Há uma periodicidade cósmica na evolução dos astros. Esse período, esse intervalo, é a medida usada pelos homens.

"Tempo", assim, está ligado aos astros. É por isso que, tanto na primeira quanto na última estrofe de *Tempo e Artista*, o termo "estrela" tem que ser lido na sua múltipla (e condensada) valência: é certo que "estrela" diz respeito a "pessoa que brilha" – sobretudo nas artes cênicas ou similares (cinema, teatro, espetáculos musicais); mas aí se infiltra, inequívoca, a ideia de estrela enquanto corpo celeste, astro, cujo curso circular é parâmetro da mensuração do tempo humano.

No entanto, o ritmo, esse elemento fundamental da categoria tempo, não tem somente uma dimensão cósmica: ele participa também da ordem biológica. Pois o ser humano é submetido a ritmos na vida de seu corpo. Não apenas a mulher, com a periodicidade lunar influenciando seu ciclo menstrual, regendo humores e tempo de gestação ("nove luas", diziam os antigos para o tempo de uma gravidez); estou me referindo àquilo que é comum aos dois sexos e fundante no processo vital: a respiração, com seu movimento de expansão/retração, dos processos de inspiração e expiração; o pulsar do coração, o latejar do sangue nas veias, o movimento ondeante do desejo. É por isso que a música nos pega tão visceralmente: o ritmo tem seu paradigma na esfera orgânica. Ele exerce um poder encantatório, induzindo a sensações sinestésicas. Que sirvam de exemplo, para se ficar no âmbito brasileiro, as técnicas de obtenção do estado de êxtase na dança dos indígenas guaranis, com o efeito inebriante do seu tambor; ou o batuque do candomblé, nas cerimônias em que baixa o santo; ou os festivais de música da juventude.

Assim, o ritmo ecoa um movimento cósmico, uma pulsação biológica, um latejar de pulsões. Pois bem: o ritmo muito marcado de *Tempo e Artista*, a maneira pela qual a canção é cantada, como que silabando, escandindo as sílabas poéticas, compassando isocronicamente, converte-se numa maneira de convocar o aspecto temporal do poema: é um modo de atrair a atenção sobre o tempo na poesia. Esse canto sobre o tempo é feito marcando as divisões sonoras do verso, cadenciando, numa dicção quase que ritualística.

Cantar assim é uma espécie de "atualização" do tempo na poesia, uma homenagem ao tempo – quase que, como fez Caetano Veloso, uma "oração ao tempo". Com efeito, diz Caetano, o tempo fica "ainda mais vivo" ao "som do [s]eu estribilho".

Que me seja permitido comentar uma canção de Chico à luz de uma canção de Caetano. O músico baiano compôs uma bela canção dedicada ao tempo, em fins da década de 1970, em que, também, o tempo, "compositor de destinos", "tambor de todos os ritmos", é circular – e divinizado:

És um senhor tão bonito
Quanto a cara do meu filho
Tempo, tempo, tempo, tempo
Vou lhe fazer um pedido
Tempo, tempo, tempo, tempo
Compositor de destinos
Tambor de todos os ritmos
Tempo, tempo, tempo, tempo
[...]
Por seres tão inventivo
E pareceres contínuo
Tempo, tempo, tempo, tempo
Que sejas ainda mais vivo
No som do meu estribilho
Tempo, tempo, tempo, tempo

Peço-te o prazer legítimo
E o movimento preciso
Tempo, tempo, tempo, tempo
Quando o tempo for propício
Tempo, tempo, tempo, tempo
[...]
E quando eu tiver saído
Para fora do teu círculo
Tempo, tempo, tempo, tempo
Não serei nem terás sido
Tempo, tempo, tempo, tempo

ADELIA BEZERRA DE MENESES

Portanto peço-te aquilo
E te ofereço elogios
Tempo, tempo, tempo, tempo
Nas rimas do meu estilo
[…][10]

Mais uma canção que testemunha as ligações entre tempo e poesia.

Se eu não consigo me assenhorear do tempo, se ele, infinita deriva, escoar contínuo das horas e dos séculos, fluir incessante dos minutos da minha vida, impele-me para a velhice e para a morte, que me seja dado ao menos criar um universo – um poema – em que eu possa "administrar" esse tempo: escandi-lo, metrificá-lo, pôr-lhe medidas, contá-lo, provocar retornos, reincidências – num certo sentido, domesticá-lo. Os recursos da poesia, a versificação (*verso* = aquilo que volta), o ritmo, a métrica, as rimas, os ecos internos, marcando o retorno de mesmos sons ou de sons semelhantes, criam um certo apaziguamento, um pouso-repouso nesse devir infinito. O tempo humano – incoerente, irreversível, fragmentado – torna-se com o poema um ciclo reconstruído em sua totalidade. Pois há algo de totalidade, do uno, no limite de aspiração do poema.

Que é o poema senão uma tentativa humana – bem-sucedida – de vencer a voragem infinita do tempo, criando esse universo "em que os sons se respondem", num sistema de recorrências, um todo em que as reiterações (sonoras, rítmicas, imagéticas, semânticas, prosódicas) me defendem do desconhecido, dão-me guarida frente ao que é incessantemente novo? Que é o poema senão um sistema em que me é permitido reconhecer algo – uma vez que, para falarmos com Arnheim[11], a repetição cria um "princípio de reconhecimento", e que o poema também tem sua "órbita"?

---

10. "Caetano Veloso e A Outra Banda da Terra", *Oração ao Tempo*, do álbum CINEMA TRANSCENDENTAL, 1979.
11. Rudolf Arnheim, *Arte y Percepción Visual*, Buenos Aires, Eudeba, 1962.

A poesia é, assim, talvez a mais patética (e fecunda) das tentativas humanas de vencer o tempo, de construir um mundo (analógico), em que eu me sinto protegida da derrelição, da decadência irreversível que leva à morte. Contra a finitude inexorável da existência, a criação de algo que contrapõe à mudança a permanência. "O tempo é a dimensão da mudança", diz Arnheim; daí se pode inferir que todo movimento no sentido das recorrências, da repetição, das reiterações, pode então ser considerado como um esforço de enfrentar esse aspecto do tempo, de freá-lo; um desejo de retorno. Permanência × mudança: não é isso que subjaz ao ritmo?

Será que a forma poética responde, inconscientemente, a algum princípio vital, à energia que se move perpetuamente em ondas, à natureza que recomeça perpetuamente o dia depois da noite, a primavera depois do inverno, a lua nova depois da minguante, a semente depois do fruto? O "tempo" da forma verbal reproduzirá em si o eterno retorno do mesmo, que o pensamento e a História partem e creem superar?

– pergunta-se Alfredo Bosi[12].

Mas além desse tempo criador, órfico e primordial, tempo cíclico do eterno retorno – figurado pela serpente que morde a própria cauda, e aqui representado pelo último verso encostado no primeiro –, além desse tempo mítico, nessa canção o tempo se faz presente também em sua outra dimensão: de agente de envelhecimento e de finitude, traduzidos em tremor, rugas, velhice e exaustão – índices de sua passagem, com o corolário inevitável de degradação e decrepitude. É o tempo que "modela o artista a seu feitio" (e a gente sabe, com nossa experiência de humanos, o que esse senhor faz quando "modela a seu feitio" uma pessoa); é o tempo que "põe rugas ao redor da boca, como contrapesos de um sorriso"; que transforma o cantor em "velho", o bailarino em "exausto", que torna o ator "trêmulo". É esse o tempo dos homens, de

---

12. Alfredo Bosi, *O Ser e o Tempo na Poesia*, São Paulo, Cultrix/Edusp, 1977, p. 117.

uma perspectiva não mítica, mas histórica: é essa a nossa vivência do tempo que carrega seu preço em velhice e morte. Não há como escapar disso quando os homens meditam sobre sua própria existência. Concomitantemente à tentativa da poesia de estancar o fluxo do tempo, vivendo o eterno retorno do mundo da analogia, com a mesma intensidade, o poema apresenta os signos do correr do tempo. E isso significa aqui, perda, degradação.

Aponta-se um paradoxo nessa canção, duas concepções em tensão. Instaura-se uma dialética entre o tempo cíclico, potência primordial, princípio criador, de eterno retorno, e o tempo linear e irreversível, agente da finitude.

Mas essas contradições na figuração do tempo que rege esse poema têm, para nós, que participamos da civilização ocidental, um lastro cultural. Carregamos a dupla herança: de um lado do tempo cíclico da filosofia grega[13], e, do outro, do tempo linear e irreversível do monoteísmo judaico. Do tempo cíclico do mito sob o signo de Odisseu, que parte de Ítaca e que para lá volta, ao fim de sua Odisseia; e do tempo histórico, sob o signo de Abraão, que parte de sua cidade, Ur, na Caldeia, rumo à Terra Prometida, sem retorno, inaugurando o movimento irreversível da História. Imbricam-se, dialeticamente, duas visões, duas vivências do tempo.

Auerbach, em seu estupendo ensaio "A Cicatriz de Ulisses"[14], empreende uma caracterização, a partir de uma leitura estilística, das civilizações grega e hebraica, respectivamente, através da análise de um trecho de Homero e de um texto bíblico, e compara Abraão a Odisseu. E entre as muitas diferenças que traça entre as duas culturas, uma diz respeito à questão da passagem do tempo e das alterações, dos desenvolvimentos que o tempo acarreta. Os heróis homéricos, extremamente bem descritos, não apresentam, em geral, qualquer desenvolvimento,

---

13. E Chico Buarque parece ser, como está em *Choro Bandido* (também do disco PARATODOS) o poeta que "fala grego com a (nossa) imaginação…".
14. Erich Auerbach, *Mimesis*, trad. George Sperber, São Paulo, Edusp/Perspectiva, 1971.

"e a história de suas vidas fica estabelecida univocamente", a ponto de, na sua maioria, aparecerem com uma idade pré-fixada. Odisseu, por exemplo, saiu de Ítaca para a Guerra de Troia; ao voltar, vinte anos depois, é o mesmo guapo rapaz que partira (envelhecido artificialmente pela deusa Atena, como uma estratégia para não ter seu reconhecimento antecipado); e encontra Penélope na flor da idade, cobiçada por um bando de pretendentes, com nada de sua beleza esmaecida: é esse o tempo do mito. No mundo bíblico, que não se propõe como mítico, mas como História, as personagens que de início foram apresentadas jovens, diz Auerbach (como Davi, no frescor de sua adolescência), vão envelhecendo, alterando-se, e são mostradas, por vezes, até a extrema decadência física, descendo a detalhes nos "sintomas" da velhice: "O rei Davi estava velho, com idade avançada; por mais que lhe pusessem cobertas, não conseguia se aquecer" – diz o texto bíblico[15]. Velhos duramente envelhecidos, moldados, trabalhados ("modelados" diria Chico Buarque) pelo tempo. Será necessário repetirmos, com Arnheim, que "o tempo é a dimensão da mudança?"[16]

Em *Tempo e Artista*, de Chico Buarque, articulam-se dialeticamente duas concepções de tempo, "conciliadas", como na nossa vivência (pessoal e cultural): fazemos a experiência humana da velhice e das consequências inexoráveis que o tempo traz, e a aspiração humana pela permanência, que a arte propicia[17]. Não é Bachelard que desenvolve a ideia de que o instante poético é uma "relação harmônica entre dois contrários?"[18]

Não por acaso, ao fim da canção, o tempo alcança a glória, e o artista, o infinito.

---

15. Cf. 1 Reis, 1,1.
16. Rudolf Arnheim, *Arte y Percepción Visual*.
17. Uma nova formulação do adágio *Ars longa, vita brevis*.
18. Cf. Gaston Bachelard, *O Direito de Sonhar*, São Paulo, Bertrand Brasil, 1991, p. 194.

Galáxia do Catavento (M101). Fonte: Hubble Image/Nasa.

Referências

CANÇÕES

ADEZONILTON & PQD, Simões. *É o Bicho É o Bicho*. 1989.

BREL, Jacques & JOUANNEST, Gérard. *Ne me Quitte Pas*. 1959.

BUARQUE, Chico. *Acalanto*. Álbum CONSTRUÇÃO. 1971.

_____. *A Banda*. 1966. Álbum CHICO BUARQUE DE HOLLANDA, 1966.

_____. *Apesar de Você*. 1970. Álbum CHICO BUARQUE, 1978.

_____. *As Caravanas*. Álbum CARAVANAS. Biscoito Fino, 2017.

_____. *Assentamento* (composta em 1997). Álbum AS CIDADES, 1998. (Além de integrar o CD TERRA, atualmente inacessível)

_____. *Choro Bandido*. Álbum PARATODOS. 1985.

_____. *Cordão*. Álbum CONSTRUÇÃO. 1971.

_____ & BOSCO, João. *Sinhá*. Álbum CHICO. Biscoito Fino, 2011.

_____ & Cristóvão Bastos. *Tua Cantiga*. Álbum CARAVANAS. Biscoito Fino, 2017.

_____ & GIL, Gilberto. *Cálice*. Álbum CHICO BUARQUE. 1978.

_____ & HIME, Francis. *Luísa*. 1979.

_____ (letra) & LINS, Ivan (música). *Renata Maria*. Álbum CARIOCA. Biscoito Fino, 2006.

_____ & NASCIMENTO, Milton. *Levantados do Chão*. In: *Terra*. São Paulo, Companhia das Letras, 1997. CD Faixa 3.

_____ & SIVUCA. *João e Maria*. 1977.

_____. *Essa Pequena*. Álbum CHICO. Sarapuí Produções Artísticas, 2011.

_____. *Fantasia*. Álbum VIDA. 1980. (Além de integrar o álbum TERRA, atualmente inacessível.)

_____. *Maninha*. 1977.

_____. *Massarandupió*, letra de Chico Buarque e música de Chico Brown . Álbum CARAVANAS, 2017.

_____. *Paratodos*. Álbum PARATODOS. RCA, 1993.

_____. *Quando o Carnaval Chegar*. 1972.

_____. *Que Tal um Samba?* Álbum QUE TAL UM SAMBA? Biscoito Fino, 2022.

_____. *Roda Viva*. Álbum CHICO BUARQUE DE HOLLANDA – vol. III. 1968.

_____. *Tem mais Samba*. Álbum CHICO BUARQUE DE HOLLANDA. 1966.

_____. *Tempo e Artista*. Álbum PARATODOS. RCA, 1993.

_____. *Todo Sentimento*. Álbum FRANCISCO. 1987.

MARTINS, Herivelto & NASSER, David. *Pensando em Ti*. 1957.

MONNOT, Marguerite (letra) & GUGLIELMI, Louis (melodia). *Hymne à l'Amour*. 1950.

NEVES, Wilson das. *Senzala e Favela*. Álbum SENZALA E FAVELA. 2023.

VELOSO, Caetano. *Beleza Pura*. Álbum CINEMA TRANSCENDENTAL. Polygram/Philips, 1979.

_____. *Oração ao Tempo*. Álbum CINEMA TRANSCENDENTAL. 1979.

BIBLIOGRAFIA

ALBIN, Ricardo Cravo. *Dicionário Houaiss Ilustrado da Música Popular Brasileira*. Rio de Janeiro, Instituto Antônio Houaiss/Instituto Cultural Cravo Albin/Editora Paracatu, 2006.

ALVES, Castro. "O Povo ao Poder", de "Poesias Coligidas". *Obra Completa*, Rio de Janeiro, Editora Aguilar, 1960, p. 432.

_____. "Vozes d'África", de "Os Escravos". *Obra Completa*, Rio de Janeiro, Editora Aguilar, 1960, p. 290.

ANDRADE, Carlos Drummond de. "Notas Sobre *A Banda*". *Correio da Manhã*, 14 out. 1966, primeiro caderno, p. 6.

ANUÁRIO Brasileiro de Segurança Pública. Fórum Brasileiro de Segurança Pública, ano 14, 19 out. 2020. Internet.

ARNHEIM, Rudolf. *Arte y Percepción Visual*. Buenos Aires, Eudeba, 1962.

AUERBACH, Erich. *Mimesis*. Trad. George Sperber. São Paulo, Edusp/Perspectiva, 1971.

AULETE, Caldas. *Dicionário Contemporâneo da Língua Portuguesa*. Rio de Janeiro, Editora Delta, 1958, vol. 1.

BACHELARD, Gaston. *O Direito de Sonhar*. São Paulo, Bertrand Brasil, 1991.

BACCHINI, Luca. "*Renata Maria* ou a Fenomenologia de um Momento de Sublime Danação". *In* Rinaldo Fernandes (org.), *Chico Buarque: O Poeta das Mulheres, dos*

Desvalidos e dos Perseguidos: Ensaios Sobre a Mulher, o Pobre e a Repressão Militar nas Canções de Chico. São Paulo, LeYa, 2013.

BASTIDE, Roger. *As Religiões Africanas no Brasil*. São Paulo, Pioneira/Edusp, 1971, vols. 1 e 2.

BOLLE, Willi. *Fisiognomia da Metrópole Moderna*. 2. ed. São Paulo, Edusp, 2000.

"BOLSONARO É Acusado de Racismo por Frase em Palestra na Hebraica". *Veja*, 6 abr. 2017. Internet.

BOLSONARO, Jair. *Roda Viva*. TV Cultura, 30 jul. 2018. Internet. Acesso em: 21 out. 2023.

BOSI, Alfredo. *Literatura e Resistência*. São Paulo, Companhia das Letras, 2002.

_____. *O Ser e o Tempo da Poesia*. São Paulo, Cultrix/Edusp, 1977.

BRUIT, Hector. *Bartolomé de las Casas e a Simulação dos Vencidos*. Campinas/São Paulo, Editora da Unicamp/Iluminuras, 1995.

CAMARGO, Cristina & SPERB, Paula. "Homem Negro Morre Após Ser Espancado por Seguranças do Carrefour em Porto Alegre". *Folha de S. Paulo*, 20 nov. 2020. Internet. Acesso em: ago. 2021.

CAMUS, Albert. *O Estrangeiro*. Lisboa, Edições Livros do Brasil-Lisboa, s. d.

CANDIDO, Antonio. *Literatura e Sociedade: Estudos de Teoria e História Literária*. 3. ed. rev. São Paulo, Editora Nacional, 1973.

_____. *Os Parceiros do Rio Bonito – Estudo Sobre o Caipira Paulista e a Transformação dos seus Meios de Vida*. 11. ed. Rio de Janeiro, Ouro sobre Azul, 2010.

_____. "Radicalismos". *Vários Escritos*. 3. ed. rev. e ampl. São Paulo, Duas Cidades, 1995.

CANTORI, Cláudio Roberto. "'Que Tal um Samba?' (A Poética da Redenção)". *Brasil 247*, 15 jul. 2022. Internet. Acesso em 27 set. 2023.

CARPEAUX, Otto Maria. *História da Literatura Ocidental*. Brasília, Editora do Senado Federal, 2008, vol. I.

"CHACINA do Jacarezinho". *Wikipédia, a Enciclopédia Livre*, 2021. Internet.

COLABORADOR JBR. "Relatório Aponta que a Cada 23 Minutos um Jovem Negro é Assassinado no Brasil". *Jornal de Brasília*, 8 jun. 2006. Internet. Acesso em: ago. 2021.

COLARES, Mantovanni. "Massarandupió: Longe do Mar". *Olhos nos Olhos Cor de Ardósia: Múltiplos Olhares Sobre a Canção de Chico Buarque*, 25 dez. 2019. Internet.

Conflitos no Campo Brasil 2022. Goiânia, Centro de Documentação Dom Tomás Balduino/Comissão Pastoral da Terra (CPT), 2023.

CONTEÚDO, Estadão. "Presidente da Fundação Palmares: Movimento Negro é 'Escória Maldita'. Ouça". *Metrópoles*, 2 jun. 2020. Internet.

COUTINHO, Afrânio (dir.) & BRAYNER, Sônia (sel.). *Fortuna Crítica de Carlos Drummond de Andrade*. 2. ed. Rio de Janeiro, Civilização Brasileira, 1978.

CUNHA, Euclides da. *Os Sertões – Campanha de Canudos*. Ed. crít. Walnice Nogueira Galvão, 2. ed. São Paulo, Ática, 2004.

FERREIRA, Lola. "Atlas: Negros Têm 2,6 Vezes mais Risco de Serem Assassinados no Brasil". UOL, Cotidiano, 31 ago. 2021. Internet. Acesso em: ago. 2021.

"FIOCRUZ: Covid Matou 4 Vezes mais no Brasil do que Média Mundial". *O Antagonista*, 10 fev. 2022. Internet. Acesso em: 11 nov. 2023.

FOUQUIÈRES, Louis Becq de. *Traité Général de Versification Française*. Gallica – BNF, 1879.

FRANCISCO, Dalmir. "Arrastão Mediático e Racismo no Rio de Janeiro". Congresso Brasileiro de Ciências da Comunicação, 26, Intercom, *Anais…*, Belo Horizonte-MG, 2 a 6 set. 2003. Internet. Acesso em: ago. 2021.

GABRIEL, Rumba, *apud* REIS, William. "Jacarezinho: A História da Favela mais Negra do Rio de Janeiro". *Veja Rio*, 16 ago. 2020. Acesso em: ago. 2021.

GARCIA, Marcus Vinicius Carvalho. "Registro do Jongo no Livro de Registro das Formas de Expressão do Patrimônio Cultural de Natureza Imaterial". Parecer n. 001/GI/DPI/Iphan. Brasília, Ministério da Cultura, 1 set. 2005. Internet. Acesso em: 27 out. 2023.

GARCIA, Walter. "A Construção de *Águas de Março*". *In* Luca Bacchini (org.), *Maestro Soberano: Ensaios Sobre Antonio Carlos Jobim*. Belo Horizonte, Editora da UFMG, 2017.

GOMES, Laurentino. *Escravidão*. Vol. I: *Do Primeiro Leilão de Cativos em Portugal até a Morte de Zumbi dos Palmares*. Rio de Janeiro, Globo Livros, 2019.

_____. Vol. II: *Da Corrida do Ouro em Minas Gerais Até a Chegada da Corte de Dom João ao Brasil*. Rio de Janeiro, Globo Livros, 2021.

_____. Vol. III: *Da Independência do Brasil à Lei Áurea*. Rio de Janeiro, Globo Livros, 2022.

GONÇALVES, Géssica Brandino. "Portugueses nem Pisaram na África, diz Bolsonaro Sobre Escravidão". *Folha de S. Paulo*, 31 jul. 2018. Internet.

GURAN, Milton (coord.). Proposta de Inscrição do Sítio Arqueológico Cais do Valongo na Lista do Patrimônio Mundial. Rio de Janeiro, Iphan/Prefeitura do Rio de Janeiro, jan. 2016. Internet.

HERINGER, Carolina & BARROS, Rafaella. "PM Aborda Ônibus e Recolhe Adolescentes a Caminho das Praias da Zona Sul do Rio". *Extra Online*, 24 ago. 2015. Internet. Acesso em: out. 2019.

HESÍODO. *Théogonie*. Trad. Paul Mazon. Paris, Les Belles Lettres, 1951.

_____. *Teogonia – A Origem dos Deuses*. Trad. Jaa Torrano. São Paulo, Roswitha Kempf Editores, 1986.

HYMNES Homeriques. Trad. Jean Humbert. Paris, Les Belles Lettres, 1976, vol. I.

"Irajá". *Wikipédia, a Enciclopédia Livre*, 2021. Internet. Acesso em: ago. 2021.

"Irajá". *WikiRio*. Internet. Acesso em: ago. 2021.

Jost, Miguel. "A Construção/Invenção do Samba: Mediações e Interações Estratégicas". *Revista do ieb*, n. 62, dez. 2015, pp. 112-125.

Jucá, Beatriz. "Doze Militares São Denunciados por Fuzilamento de Músico e Catador no Rio". *El País*, 10 maio 2019.

Kopenawa, Davi & Albert, Bruce. A *Queda do Céu – Palavras de um Xamã Yanomami*. São Paulo, Companhia das Letras, 2015.

"Leia na Íntegra o Discurso de Chico Buarque no Prêmio Camões". *Estado de Minas*, 24 abr. 2023. Internet. Acesso em 11 nov. 2023.

Leminski, Paulo. *La Vie en Close*. São Paulo, Brasiliense, 1991.

Maia, Dhiego. "Adolescente É Despido, Amordaçado e Chicoteado por Furtar Chocolate". *Folha de S. Paulo*, 3 set. 2019. Internet. Acesso em: ago. 2021.

Marcelo, Carlos & Cruz, Márcia Maria. "Eliane Brum: 'A Luta pela Amazônia É uma Luta para Sempre'". *Estado de Minas*, 27 jan. 2023. Internet. Acesso em: 30 out. 2023.

Marques, Hugo. "Governo Bolsonaro Sepulta de Vez Regularização de Terras de Quilombolas". *Veja*, 9 jan. 2022. Internet.

Massi, Augusto. "Chico Buarque Volta ao Samba e Rememora 30 Anos de Carreira". *Folha de S. Paulo*, 9 jan. 1994.

Meneses, Adelia Bezerra de. *Desenho Mágico – Poesia e Política em Chico Buarque*. 3. ed. Cotia-sp, Ateliê Editorial, 2002.

_____. *Figuras do Feminino na Canção de Chico Buarque*. 2. ed. Cotia-sp, Ateliê Editorial, 2001.

_____. "Lirismo e Resistência" (entrevista a Manuel da Costa Pinto). *Cult*, ano vi, n. 69, 2003.

Moura, Roberto. *Tia Ciata e a Pequena África no Rio de Janeiro*. São Paulo, Todavia, 2022.

Natal, Bruno. *Dia Voa*. Biscoito Fino, 20 jul. 2011. Internet.

Olliveira, Cecília & Betim, Felipe. "Mortos na Chacina do Jacarezinho Sobem para 28. Ao Menos 13 não Eram Investigados na Operação". *El País*, 7 maio 2021. Internet.

Pauluze, Thaiza & Nogueira, Italo. "Exército Dispara 80 Tiros em Carro de Família no Rio e Mata Músico". *Folha de S. Paulo*, 8 abr. 2019. Internet.

Paz, Octavio. "Analogia y Ironia". *Los Hijos del Limo*. 2. ed. Barcelona, Seix Barral, 1974.

Pessoa, Fernando. "Autopsicografia". *Poesias*. Lisboa, Ática, 1942, p. 235.

Platão. *A República. Diálogos de Platão*, livro 4. Trad. Carlos Alberto Nunes. Guamá-pa, Editora da ufpa, 1976.

"Presidente da Fundação Palmares Chama Movimento Negro de 'Escória Maldita'". *Brasil de Fato*, 3 jun. 2020. Internet.

"Projeto 'Tambor no Valongo – Ibejada' Acontece Neste Sábado, 30, no Cais do Valongo". *Sambando*, s.d. Acesso em: 13 nov. 2023.

Pound, Ezra. *ABC da Literatura*. 11. ed. São Paulo, Cultrix, 2006.

Rosa, João Guimarães. "Barra da Vaca" (epígrafe). *Tutameia (Terceiras Estórias)*. Rio de Janeiro, Livraria José Olympio Editora, 1967, p. 27.

_____. *No Urubuquaquá, no Pinhém*. Rio de Janeiro, Livraria José Olympio Editora, 1965.

Reis, William. "Jacarezinho: A História da Favela mais Negra do Rio de Janeiro". *Veja Rio*, 14 ago. 2020. Internet. Acesso em: ago. 2021.

_____. "Vila Cruzeiro: Um Legado da Cultura Negra no Rio". *Veja Rio*, 9 jul. 2020. Internet.

"Relatório Aponta que a Cada 23 Minutos um Jovem Negro É Assassinado no Brasil". *Jornal de Brasília*, 8 jun. 2016. Internet.

Ribeiro, Lídice Meyer Pinto. "Negros Islâmicos no Brasil Escravocrata". *Revista USP*, n. 91, set.-nov. 2011, pp. 139-152. Acesso em: ago. 2021.

Rio, João do. *As Religiões do Rio*. Rio de Janeiro, José Olympio, 2006.

Rougemont, Denis de. *História do Amor no Ocidente*. São Paulo, Ediouro, 2003.

Saïd, Edward. *Orientalismo: O Oriente como Invenção do Ocidente*. São Paulo, Companhia das Letras, 2018.

Sakamoto, Leonardo. *Escravidão Contemporânea*. São Paulo, Editora Contexto, 2020.

Salgado, Sebastião. *Terra*. São Paulo, Companhia das Letras, 1997.

Sampaio, Fabiana. "Cais do Valongo, no Rio, É Reconhecido como Patrimônio Cultural". *Brasil de Fato*, 11 jul. 2017. Internet.

Santos, Edson. "Estudo do Ipea Diz que População Negra Deve se Igualar à Branca". *Correio Braziliense*, 14 maio 2008. Internet. Acesso em: ago. 2021.

Saramago, José. *Levantado do Chão*. São Paulo, Bertrand Brasil, 1993.

Siqueira, Natércia Sampaio; Lima, Renata Albuquerque & Magalhães, Átila de Alencar Araripe. "Novo Racismo, Fundamentalismo Islâmico e o Fortalecimento das Direitas no Mundo Ocidental". *Revista Brasileira de Estudos Políticos*, n. 116, jan.-jun. 2018, pp. 351-373. Acesso em: ago. 2021.

Sperb, Paula. "Homem Negro Morre Após Ser Espancado por Seguranças do Carrefour em Porto Alegre". *Folha de S. Paulo*, 20 nov. 2020. Internet.

Stedile, João Pedro & Fernandes, Bernardo Mançano. *Brava Gente – A Trajetória do MST e a Luta pela Terra no Brasil*. São Paulo, Editora Fundação Perseu Abramo, 1996.

TORQUATO, Carla & CASTILHO, Ricardo dos Santos. "Um Retrato da Exclusão Social da Praia na Música *As Caravanas*, de Chico Buarque". *Jus.com.br*, fev. 2021. Internet. Acesso em: ago. 2021.

VAZ, Carolina. "Marielle Franco: Três Anos de Saudade na Maré". *O Cidadão*, 14 mar. 2021. Internet.

VERNANT, Pierre. *Mythe et Pensée chez les Grecs*. Paris, Maspéro, 1966.

WERNECK, Humberto. *Chico Buarque – Tantas Palavras*. São Paulo, Companhia das Letras, 2006.

XAVIER, Getulio. "Ser Negro no Brasil Aumenta em 2,6 Vezes o Risco de Ser Assassinado, Aponta Pesquisa". *Carta Capital*, 31 ago. 2021. Internet. Acesso em: ago. 2021.

ZADMAN, Louise Bruit & PANTEL, Pauline Schmitt. *La Religion Grecque – Dans les Cités à l'Époque Classique*. 2. ed. Paris, Armand Colin, 1991.

ZUMTHOR, Paul. *Performance, Recepção, Leitura*. Trad. Jerusa Pires Ferreira e Suely Fenerich. São Paulo, Educ, 2000.

Título	Chico Buarque ou a Poesia Resistente:
	Ensaios sobre as Letras de Canções Recentes
Autora	Adelia Bezerra de Meneses
Produção Editorial	Carlos Gustavo Araújo do Carmo
Capa	Casa Rex
Projeto Gráfico e Diagramação	Negrito Produção Editorial
Preparação de Texto	Ateliê Editorial
Formato	16 × 23 cm
Tipografia	Arno Pro
Papel Certificado FSC®	Couché 115 g/m² (miolo)
	Cartão Supremo 250 g/m² (capa)
Número de Páginas	208
Impressão e Acabamento	Lis Gráfica